小さくても強い会社になるための

"できる人"を育てる
チーム改善のすすめ

成功へと導く5原則・5ステップ・9ストーリー・9ツール

小林 久貴 著

日本規格協会

まえがき

　21世紀に入り従来の日米欧の三極体制から，中国，インドなどの新興国が世界経済に大きな影響を及ぼすようになってきました．日本は資源を輸入し，製品を世界に向けて輸出する"世界の工場"という役割を今までは担っていましたが，その役割は，すでに中国へ移ってしまいました．今まさに日本の企業が，これからどのような道を進んでいくべきかを考え決断すべきときが来ているのです．従来のように，ただ顧客の注文に従って製品・サービスを提供していればよいというのではなく，顧客のきめ細かな要求に的確に応えていくことが求められています．特に厳しい日本の顧客の様々な要求に応えるためには，低コストだけでなく，多種少量（多種変量／変種変量）及び短納期に対応していかなければなりません．

　しかし，このやりすぎと思われるくらいの細かく厳しい顧客要求があるからこそ，日本国内で生き残る余地があるとも言えます．したがって，日本の企業，特に全企業数の99％以上を占め，日本経済を下支えしている中小企業は，この極端なまでの変種変量，短納期要求に何としても対応していかなければなりません．ところが，現実には従来からの体制を変えることなく，何とかむりをして対応している状況です．これは，中小企業経営者が気付いていないとか，認識していないからではありません．

　多くの経営者は，有能で時代を見極める能力が非常に高く，いち早くこのような状況を把握して問題視してきたのです．しかし，いざ具体的な対応となるとなかなか進められなかったというのが事実です．その最大の要因は，やはり対応できる能力を持った人材，すなわち"できる人"が不足しているからです．会社というのは，経営者がひとりでがんばって何とかなるのは10人までで，それ以上

の場合は，社員が自ら考え，自ら行動を起こすようでなければ，変化して行かないものです．

本書は，チームによる改善活動を通じて，自ら考え，自ら行動を起こせる人材，つまり"できる人"を育成するための活動についてまとめたものです．その活動をTK活動と名付けました．TK活動とは，単なる自主改善活動ではなく，人づくりを主目的としたチーム改善活動です．TK活動のTKはチーム改善（Team Kaizen），体質強化（Taishitsu Kyoka），体力向上（Tairyoku Kojyo），強い会社（Tsuyoi Kaisha）からとっています．TK活動によって，チームメンバーが改善意識やマネジメント能力を身に付けることができ，組織の体質が強化され，組織としての体力が向上し，小さくても強い会社となることが最大のねらいなのです．

本書を通じて，TK活動のねらいや意図していることを十分に理解して，実践に活かしていただきたいと思います．多くの社員が自ら考え，自ら行動し，小さくても強い会社，楽しく働きがいのある会社になっていただくことを期待いたします．

最後に，本書執筆に当たりご尽力いただいた財団法人日本規格協会出版事業部編集第一課の伊藤宰課長，出版企画をご担当いただいた同出版事業部製品管理室の吉田雄子室長，出版のきっかけを作っていただいた同出版事業部の遠藤智之氏に厚くお礼申し上げます．

また，事例掲載を快諾していただいた株式会社岐阜多田精機，東海金属工業株式会社／株式会社ノーリツイス，株式会社マーゼンプロダクツには深く感謝いたします．本当にありがとうございました．

2007年9月

小林　久貴

本書を読む前に

◎ 対象者

　本書は，小さくても強い会社，楽しく働きがいのある会社にしたいと考えている中小企業経営者及び管理者を対象としています．

◎ 目　的

　皆さんの会社が，小さくても強い会社，楽しく働きがいのある会社になるために，自ら考え，自ら行動する人材，すなわち"できる人"を育成するためのTK活動を理解・認識することを目的としています．

　したがって，本書は改善のためのノウハウ本ではなく，チーム改善によって人材を育成することに重点を置いています．どのように考えるべきか，どのように進めていくべきかを原則に従ってステップごとに解説します．また，効果的な改善とするために必要なストーリー，ツールを紹介いたします．そして，実践に活かしていただくためにTK活動の事例を紹介いたします．

◎ 到達目標

　本書の読者が，TK活動の目的，ねらいを十分理解し，自分の会社にうまく導入して，展開できるまでの知識，力量を持つことが到達目標です．そして，小さくても強い，楽しく働きがいのある会社となって，顧客，従業員，経営者のすべてが満足できることが最終的な目標です．

　たった一度の人生です．このTK活動を通じて，あなた自身も仕事を楽しんで，豊かな人生を送ろうではありませんか．

目　　次

まえがき
本書を読む前に

第1章　小さな会社の現状
　　　　小さな会社の現状……………………………………13
　　　　小さな会社とは………………………………………13
　　　　小さな会社の特徴……………………………………14
　　　　小さな会社に必要なこと……………………………16

第2章　TK活動とは
　　　　人づくりのためのTK活動…………………………17
　　　　改善意識………………………………………………18
　　　　マネジメント能力……………………………………19
　　　　達成感…………………………………………………21
　　　　仕事への愛着…………………………………………22

第3章　TK活動5原則
　　　　TK活動5原則………………………………………25
　　　（原則1）全員参加……………………………………25
　　　（原則2）習慣づけ……………………………………26
　　　（原則3）動機づけ……………………………………27
　　　（原則4）正しい評価…………………………………28
　　　（原則5）長い目………………………………………29

第4章　TK活動5ステップ

TK活動5ステップ……………………………………………31
- ステップ1　体制整備……………………………………31
- ステップ2　教　　育……………………………………35
- ステップ3　実　　施……………………………………37
- ステップ4　評　　価……………………………………40
- ステップ5　発　　表……………………………………41

第5章　TK活動9ストーリー

TK活動9ストーリー…………………………………………45
小改善3つのストーリー………………………………………47
- ストーリー1　問題の把握………………………………47
- ストーリー2　対策の実施………………………………48
- ストーリー3　効果の確認………………………………49

中・大改善6つのストーリー…………………………………49
- ストーリー1　問題の把握と現状分析…………………50
- ストーリー2　目標設定…………………………………51
- ストーリー3　要因解析…………………………………52
- ストーリー4　対策の立案と実施………………………54
- ストーリー5　検証………………………………………54
- ストーリー6　定着化……………………………………55

第6章　TK活動9ツール

TK活動9ツール………………………………………………57
- ツール1　工程フロー図…………………………………59
- ツール2　工程管理表……………………………………61
- ツール3　マトリックス…………………………………63

（ツール4）　グルーピング……………………………………65
　　（ツール5）　要因解析図……………………………………67
　　（ツール6）　ブロック図……………………………………70
　　（ツール7）　グラフ…………………………………………72
　　（ツール8）　活動シート……………………………………78
　　（ツール9）　活動ボード……………………………………80

第7章　人づくりで大切なこと

　人づくりで大切なこと……………………………………………83
　経営者に聞いて欲しいこと………………………………………83
　管理者の皆さんに聞いて欲しいこと……………………………84
　従業員の皆さんに聞いて欲しいこと……………………………86
　最後に………………………………………………………………88

第8章　TK活動事例集

　事例紹介……………………………………………………………89
　▶事例　1　最後に帰る人はダレ？………………………………90
　▶事例　2　製品図ファイル持ち出し管理………………………91
　▶事例　3　ピンゲージケースの行き先が分かるようにする……92
　▶事例　4　ワイヤー線使用途中ボビンの管理…………………93
　▶事例　5　ワイヤー電極の進捗の見える化……………………94
　▶事例　6　OKKフライス切粉飛散防止カバーの改善…………95
　▶事例　7　工具棚の整理・整頓…………………………………96
　▶事例　8　図面（新型，設変，ベース）の整理・整頓と管理……97
　▶事例　9　第四組立班通路改善…………………………………98
　▶事例10　テーブル組立（旧9棟）工具　整理・整頓…………99
　▶事例11　掃除用具整理・整頓…………………………………100
　▶事例12　ゴミ箱改善……………………………………………101
　▶事例13　段ボール置場改善……………………………………102
　▶事例14　樹脂部品置場改善……………………………………103

▶ 事例15　設備異常発生時のルールと表示作成 ……………104
▶ 事例16　張り込み機のフットスイッチ改良による針金切れ
　　　　　工程ロスの削減 ………………………………………105
▶ 事例17　脚先キャップ打ち込み後のバリ取り作業改善 ……106
▶ 事例18　サンプル試作業台の整理・整頓 …………………107
▶ 事例19　検査台の作成 …………………………………………108
▶ 事例20　段ボール発注方法の改善 ……………………………109
▶ 事例21　試作時樹脂換え作業の改善 …………………………110
▶ 事例22　造花ピン金型交換時間の短縮 ………………………111
▶ 事例23　HA 04号機の停止回数を減らす …………………112
▶ 事例24　新規金型組付け納期遅れの改善 ……………………113
▶ 事例25　活動ボード ……………………………………………114

第9章　より良い理解のためのQ＆A

Q 1：TK活動の目的を教えてください ………………………115
Q 2：従来のQCサークル活動との違いは何ですか？ ………115
Q 3：TK活動の内容は，よく考えると当たり前のことばかり
　　　ですが，本当に効果があるのでしょうか？ ……………115
Q 4：なぜ，5原則・5ステップ・9ストーリー・9ツールを
　　　提唱されたのですか？ ……………………………………116
Q 5：TK活動5原則とは何ですか？ …………………………116
Q 6：TK活動5ステップとは何ですか？ ……………………116
Q 7：TK活動9ストーリーとは何ですか？ …………………117
Q 8：TK活動9ツールとは何ですか？ ………………………118
Q 9：9ツールは必ず使わないといけないのですか？ ………118
Q10：9ツールを使いこなせるようになったら，QC 7つ道具
　　　や新QC 7つ道具は勉強しなくてもよいですか？ ……119
Q11：コアチームのメンバーは，各職場の責任者でなければ
　　　だめですか？ ………………………………………………119
Q12：職場チームのリーダーは，どのような人が適任ですか？ ……119
Q13：テーマの活動期間やチームごとのテーマ数はどれくら
　　　いにしたらよいのでしょうか？ …………………………120

Q14：職場チームの中で，協力してくれない人がいます．しかも，ベテランの人なので，あまり強く言えません．どうしたらよいでしょうか？ ……………………………120

Q15：ある職場では，業務が集中し非常に忙しくなっています．そこの職場チームの人たちは，忙しいのでTK活動どころではないと言っています．業務が落ち着くまで，一旦休止してよろしいでしょうか？ ……………120

Q16：事務局を置く余裕がありません．事務局はやっぱりないとだめですか？ ………………………………………121

Q17：TK活動には，どれくらいの時間をかければよいのでしょうか？ ………………………………………………121

Q18：当社では，改善発表会の前にかなりの時間をかけて発表資料をパワーポイントで作成しています．TK活動では，発表のための資料作成に時間をかけないとのことですが，それでは発表を聞いている人に分かりづらいのではないですか？ …………………………………121

Q19：以前，改善効果は金額で出さなければいけないと言われたことがありました．テーマによっては，改善効果がきちっと数字で出ないものもあります．どうしても改善効果を金額で出さなければいけませんか？ ……122

Q20：当社は，ISO 9001の認証をまだ取得していません．TK活動を先に導入するのか，ISO 9001の認証取得を先にするのか迷っています．どちらを先にすべきでしょうか．……………………………………………………122

Q21：当社はサービス業ですが，TK活動の導入を考えています．TK活動は，製造業向けなのでしょうか？ ………123

あとがき

第 1 章　小さな会社の現状

◎ 小さな会社の現状

　本書は，小さくても強い会社，楽しく働きがいのある会社にしたいと考えている中小企業経営者及び管理者を対象としていますので，まず小さな会社の現状について解説いたします．目的達成のためには，まず現状を理解することが大切です．

◎ 小さな会社とは

　小さな会社と言っても，特に定義があるわけではありません．例えば，従業員100人というと，"結構大きな会社だね"とか"割と小さな会社ですね"などと人によって見解が異なることがあります．別に小さい会社の定義づけをするつもりはありませんので，自分で小さいと思えば小さな会社だということになるでしょう．一応本書では，資金や人材などの経営資源が潤沢な大企業以外の企業を"小さな会社"ということにします．

　よく"中小企業"という言葉を使いますが，これも実は法律や制度によって定義が異なります．ちなみに中小企業基本法における定義は以下のとおりです．

　　製造業：従業員300人以下又は資本金3億円以下
　　卸売業：従業員100人以下又は資本金1億円以下
　　小売業：従業員50人以下又は資本金5 000万円以下
　　サービス業：従業員100人以下又は資本金5 000万円以下

さて，"小さな会社"あるいは"中小企業"というと，どのようなイメージを持っていますか？　名が知られていない，人材がいない，下請け，給料が安い，労働時間が長いなどなど，あまり良いイメージを持っていない人が多いのではないでしょうか．しかし，"大きい小さい"と"強い弱い"，"良い悪い"とは全く別です．筆者は1996年から，主に製造業を中心とした経営コンサルティングを行っており，様々な中小企業，そして中小企業経営者，従業員の方々と接してきました．それぞれ特長を持った魅力ある会社が多く，優れた経営者や常に前向きに仕事に取り組んでいる従業員の姿を見て，筆者自身も感銘を受け，学ばせていただきました．小さいから弱い，小さいから悪いというのは決してないのです．むしろ，その小ささがかえって強みになり，良い方向へ向かうのです．

◎ 小さな会社の特徴

　とは言うものの全く問題のない会社は存在しないように，小さな会社に特徴的な問題を抱えています．大企業に比べ，経営資源（人，モノ，金，情報）が圧倒的に少ないことは周知の事実なので，わざわざここで取り上げるつもりはありませんが，しっかり認識しておく必要はあります．

　小さな会社に限らず，大企業となった会社でも最初は創業者が個人で事業を立ち上げ，次第に規模が大きくなっていったというのが典型です．しかし，事業を立ち上げても，そのうちの大部分が失敗し，淘汰されていきます．このような状況の中で，今の小さな会社が生き残ってこられたのは，カリスマ的な創業者あるいはその後継者である経営者がいて，卓越した能力，気力，人心掌握力で社員を引っ張ってきたということがあげられます．

実は，ここに多くの小さな会社が現在抱えている問題の要因があるのですが，創業当初のまだ社員が少ない状態では，十分に目が行き届くので，経営者が社員に対してすべての指示を細かくしていました．判断は社長で，実行は社員という役割で長い間やってきたのです．社員には，社長から指示されたことを，何も考えずにとにかく素早く実行することが求められていたのです．

しかし，社員が少ないときはこれでよかったのですが，社員が50人，100人となってくると，経営者の目が届かなくなり，また業務も多く複雑になってきて，経営者は適切な判断ができなくなってきます．そこで，社員に判断を任せざるを得なくなり，一応任せるのですが，社員は今まで何年も指示されたことだけをやってきたので，自分で考えて判断できなくなってしまっているのです．

このようなケースはよくあるのですが，多くの経営者は"うちの社員は能力がない"とか"自分で判断できない"などと思ってしまうのです．しかし，最初から能力がなかったわけではなく，そのような社員に育てたのは，実はその経営者なのです．

一方，社員も，本来は，自分で考え行動することは，より能動的に仕事ができるようになり，人生がより豊かになることであるのにもかかわらず，自ら考えることを放棄し，指示を待つだけという選択をしてしまう．挙句の果てには，"自分で考えるのは面倒だから，何でもいいから指示してください"と言い出す人まで出てきてしまう．このような状況では，経営しきれない経営者と自ら考え行動しないお荷物社員の集まりとなって，規模に見合った会社運営ができず，会社が弱体化してしまうのです．

◎ 小さな会社に必要なこと

　経営者がすべて判断し，指示をするかたちの会社運営は，多くて10人まででしょう．それ以上は絶対にむりです．となると，自ら考え，自ら行動を起こす人材を育てなければなりません．そういう人をひとりでも多く育て，会社の総合力を高めなければ強い会社にはなれません．会社は小さいけれど，社員は自分で考えて，的確な行動をする人ばかりで，少数精鋭部隊となって大きな会社に対抗できる——こんな会社になっていただきたいと思います．小さいけれど，会社は強くなり，自分たちで考え行動できるので，仕事が楽しくやりがい働きがいのある会社になれます．そうして，良いサイクルがどんどん加速していきます．

　　　　自ら考え，自ら行動する人材を育てること．

　これが一番必要なことなのです．自分で考えたことは，人から指示されたこととは違い，最後まで確実に実行しますし，守り続けます．そして，自分で考えたことを実行することは楽しいことです．ですから，自ら考え，自ら行動する人材を育てるということは，会社にとってプラスになるばかりでなく，会社で働く人にとって，そしてその人の人生にとってプラスになるのです．何とすばらしいことでしょう．

第2章　TK活動とは

◎人づくりのためのTK活動

　第1章で，小さな会社に一番必要なこととして，"自ら考え，自ら行動する人材を育てる"ことを示しました．しかし，いろいろなマネジメント手法を取り入れたり，研修や勉強会など，様々な取り組みをしたりしても，決定的な効果が得られないという事例を多く見聞きしました．

　そこで，自分自身を振り返ってみました．筆者は，今の経営コンサルティングの仕事をする前は，製造会社に勤めていたのですが，そこで上司から細かく指示され，そのとおりにしないとひどく怒られるような，やらされ仕事をしていたことがありました．そうすると何もかもが面倒くさく感じ，自分で考えることさえも面倒に思ったことがあったのです．

　やはり，人間というのは自分で考えて行動したいものなのです．しかも，自分で考えたことは，絶対に実行しますし，仮に失敗しても反省し，次に活かすことをします．筆者は，その後独立し，自分で判断するしかなくなったのですが，自分で考えたことはやっていて楽しいものです．また，自分で考えたことが，考えたとおりに達成できれば，この上ない喜びになります．この達成感，喜びが次のやる気を起こさせるのです．だから，自分で考えて実行する機会をどんどん作って，多くの社員に経験してもらうことが大切なのです．

　では，具体的に何からやればよいのかというのが一番難しい点で

す．どんなことでもそうですが，問題や課題は分かっても，実際にそれをどう解決していくかが分からないのです．今回の"自ら考え，自ら行動する人材を育成する"，すなわち"できる人を育てる"こともそうです．そうしなければならないことは分かったのですが，まず何からやればよいのかが分からないのです．

そこで，TK活動が必要なのです．TK活動とは，チームを組んで，職場や会社の諸問題に全員で取り組み改善していくことにより，改善そのものの効果だけでなく，チーム活動を通じて得られる改善意識，マネジメント能力，達成感，仕事への愛着を持ってもらい，自ら考え，自ら行動する人材を育成することを主目的とした活動なのです．

> 改善意識
> マネジメント能力
> 達成感
> 仕事への愛着

を持って

自ら考え，自ら行動する人材となる．

◉ 改 善 意 識

まじめに毎日会社に来て，決められた作業をただこなす．これを何年も繰り返せば，確実に何も考えることができない人間となってしまいます．"もっと良いやり方はないか？"とか"もっとムダをなくせないか？"と思いながら仕事をすれば，おのずと改善意識が持

てるようになります．つまり，"仕事＝作業"から，"仕事＝作業＋改善"であるということを理解してもらわなければなりません．そのためには，チームを組んで，仲間同士で同じ問題・改善課題に取り組むことが有効です．チームで改善に取り組めば，常に次の改善ネタを探すようになりますので，自然と改善意識が芽生えます．改善意識を持っているのと，持っていないのとでは，品質，生産性に大きく影響します．ちょっとした意識の違いだけで，変わるものなのです．

> 仕事＝作業＋改善

作業だけでなく改善をして，仕事をしたことになる．

　忙しいから，改善なんてできないというのは，仕事をしていないのと同じです．忙しいからこそ改善が必要なのです．こういう認識は，作業する人だけでなく，管理者，経営者こそ持っていなければなりません．管理者の仕事は"管理＋改善"です．経営者の仕事は"経営＋改善"なのです．つまり，改善を伴ってこそ，仕事と言えるのです．

◎マネジメント能力

　マネジメントとは，計画，実行，確認，処置というPDCA（Plan-Do-Check-Act）サイクルを確実に実行し，継続することを言います．PDCAは，マネジメントの基本中の基本ですが，PDCAの話をすると，"ああ，またか"とか"そんなの昔から知っている"と言う人がたくさんいます．しかし，PDCAを知っていても，本当に実践している人は意外と少ないのです．特に管理者と呼ばれる人の中に

は，マネジメントすることが役割・責任であることにもかかわらず，PDCAを実践していない人が少なからずいるのには驚かされます．

でも，"PDCAを実行しろ"，"PDCAを回せ"と何度口で言っても，返事ばかり良くて，実際には実行されないことが多いのです．例えば，自分の部署で使われる経費について，どれくらいかかったかは見ているかも知れませんが，経費をどれくらいまで使うのか計画を立て，計画と実績の差異を評価し，差異があった場合に対応するところまでやっているでしょうか？ やっていない人の方が多いのではないかと思います．やっていないとすれば，PDCAを知っていても実行していることにはなりません．もし，あなたが管理者ならば，管理者失格です．

PDCAを実践することは，そんなに難しいことではないのに，なぜできないのでしょうか．それは，PDCAを実際に実行したことがないからです．そのように指示もされなかったし，教育もされなかったからです．だから仕方がないのです．経営者は管理者を責めてはいけません．

しかし，チームによる改善活動をたゆまなく実行していけば，PDCAを確実に回すことを改善しながら学んでいくことができます．それと，チームによる改善では，ひとりではなく何人かのチームで行われるので，チーム内のマネジメントが必要になってきます．チームでPDCAを回していくことにより，マネジメント能力を身に付けることができます．そもそもPDCAをきちんと回さないと改善が進まないので，PDCAを実践しなければならない状況になります．チームをまとめていくのは大変です．でも，この大変さを乗り切ってこそ，マネジメント能力が身に付くのです．

> 大切なのは
>   PDCA を知っていることではなく
>   PDCA を実行すること

◎達 成 感

　何をしていても達成感がなければ，長続きしませんし，やりがいを持てません．達成感があることによって喜びが得られますし，前向きに考えていこうという意欲がわきます．人間の欲求には5段階あるという説があります．心理学者のマズローが提唱したので，"マズローの欲求5段階説"などと呼ばれています．人間の欲求は，まず食欲，睡眠欲など生理的欲求があり，これが十分満たされるようになると病気になりたくない，死にたくないなど，安全でいたいという安全の欲求が生まれます．安全が確保できると，次は仲間でいたいとか社会の一員でいたいという帰属の欲求が生まれ，それから皆から尊敬されたいという尊敬の欲求が生まれます．人間は，ここまで来ると最終的には，自分の夢をかなえたいとか，目標を達成したいという自己実現の欲求が生まれます．これこそが，人間の最も高次元な欲求であり，これが満たされることが最上位の幸福なのです．

> 　自己実現の欲求……自分の夢・目標の実現
> 　尊敬の欲求　　……尊敬されたいという欲求
> 　帰属の欲求　　……仲間でいたいという欲求
> 　安全の欲求　　……安全でいたいという欲求
> 　生理的欲求　　……食欲，睡眠欲など生理的な欲求

　自己実現の達成が最高の達成感となる．

つまり，"自己実現"することが人間にとって一番幸せなことなのです．自分でこうありたいとか，ここまでやりたいという目標をクリアして達成感を得ることが大切なのです．この達成感が次のステップへ導いてくれるはずです．

◉ 仕事への愛着

　人間にとって，自己実現が一番の幸せなのですが，これが仕事を通じての自己実現でなければ意味がありません．1日8時間以上，約40年も働くのですから，人生にとって仕事が占める割合は時間だけを見ても，非常に多いのです．だから，仕事を通じての自己実現が，最も価値のある自己実現であると言えます．そもそも，日本人にとって働くということは，必ずしも利益を求めることが第一の目的ではなく，働くという行為そのものに価値を見いだしているという説があります．日本人の勤労というのは，成仏するための修行であるとされており，仕事のことを"お勤め"というのは，そのためでしょう．現在においても，この勤労に対する精神は生き続けており，それが，日本人が勤勉で非常によく働く理由のひとつとも言われています．

　仕事に対して夢と目標を持って自己実現するためには，やはり自ら目標が持てるような活動がなければなりません．その第一歩がチーム改善活動なのです．ただ言われたことをやるというスタイルから，どうすればもっと良くなるかを常に考えながら仕事をしなければなりません．そのような日常業務の中で，仕事にかかわる改善テーマを見いだし，目標を持って取り組むことにより，仕事そのものへの愛着が出てきます．

2. TK 活動とは

仕事に愛着が持てれば，その人の人生の価値は上がる．

以上の結果，人づくりとともに，改善が効果的に行われ，会社の体質が改善され，体力が強化されることになるのです．TK 活動のイメージを以下に示します．

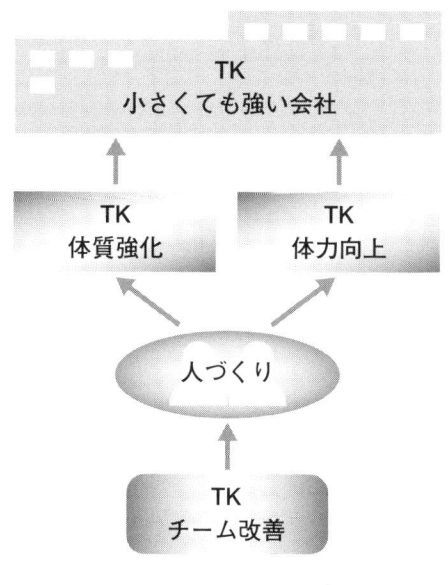

TK 活動のイメージ

また，次ページに TK 活動の 5 原則，5 ステップ，9 ストーリー，9 ツールのイメージマップを示します．今，どこを学んでいるのか，どこに向かって学んでいるのかを視覚的に捉えていただきたいと思います．

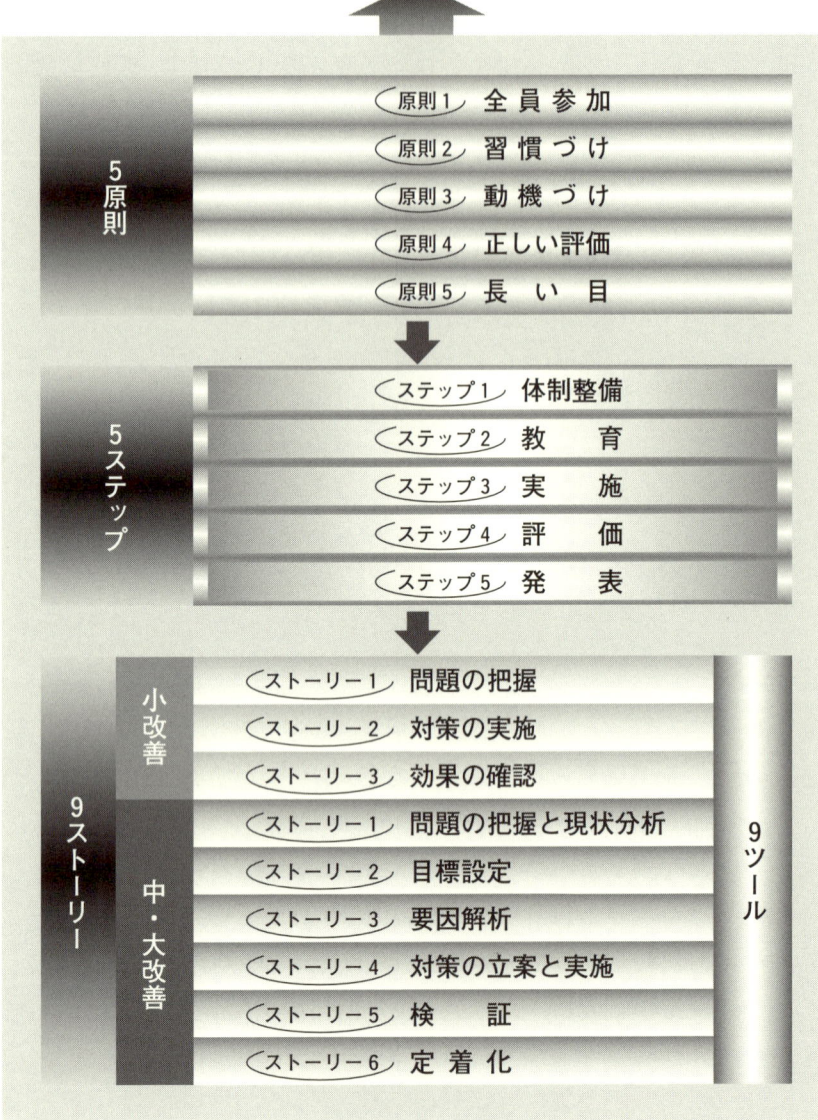

TK活動のイメージマップ

第3章 TK活動5原則

◎ TK活動5原則

　TK活動をねらいどおりに進めるためには，必ず守らなければならない原則があります．それを5原則としてまとめました．TK活動を始めるときには，強く認識してください．始めた後も，この5原則から外れていないかどうかを常に確認しなければなりません．何年経っても，この5原則を忘れずに実践し続けることにより，自ら考え，自ら行動する人材の育成と改善効果により，小さくても強い会社になることができるのです．

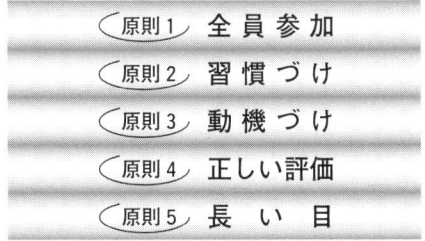

TK活動5原則

- 原則1　全員参加
- 原則2　習慣づけ
- 原則3　動機づけ
- 原則4　正しい評価
- 原則5　長い目

原則1　全員参加

　何事もそうですが，まず経営者が関心を持って取り組まなければ，うまくいきません．経営者が無関心では，良い人づくりはできませんし，改善効果も上がりません．前述したように，経営者自身が"仕事＝作業＋改善"であることを自覚しなければなりません．特に経営者の仕事は，"経営＋改善"であり，経営における作業そのものの割合は小さく，ほとんどが改善だということを理解すべきでしょう．

また，一部の人だけが参加している状態でもだめです．小さな会社は総合力が勝負ですので，全員が同じように高まっていかないといけません．おそらく，全く参加しようとしない，自分とは関係ないという態度を取る人もいるでしょう．とにかく辛抱強く働きかけましょう．こういう人をうまく取り込むのもマネジメント能力を養うことになるのです．周りが前向きになってチーム改善に取り組んでいく雰囲気になれば，おのずとやるようになってくるものです．

　パートタイマーや派遣社員の人たちはどうすればよいでしょうか？　中には正社員よりも多い会社もあります．しかし，この場合も全員参加が望まれます．むしろ，パートタイマーが主力になっているのでしょうから，改善効果を生むためには，一緒に参加する必要があるでしょう．パートタイマーの人たちも，自ら考えて仕事をし，仕事に喜びを感じられるようになれば，本人にとっても幸せなことです．

> **人づくりと改善の効果は，
> すべての従業者の参加によって達成される．**

原則2　習慣づけ

　普通の人は，何かを始めてもなかなか続かないものです．ましてや，今までまとまった改善活動などをしてこなかった組織ではなおさらです．気持ちがあればできるはずだとか，自主的にやらなければだめだと言って何ら手を打たずに始めて，結局しりすぼみになって続かないということがよくあります．やはり，習慣づけができるように，ある程度"場"を作ってあげる必要があります．

例えば，毎週何曜日の夕方30分とか，毎日昼休憩後10分とか，活動時間をあらかじめ決めておくとよいでしょう．とにかく，短い時間でもよいから定期的に継続して行うことが大切です．作業を優先して，余った時間で改善活動をしようとしてはいけません．そうするとどうしても目の前の作業を片づけることだけを優先させてしまいます．ですから，まずは時間を決めて取り組み始めます．その後，習慣づけができてくれば，活動時間を自主的に決めてもよいでしょう．

　　　どんなことでも習慣になれば，
　　　苦にならずに続けられるようになる．

原則3　動機づけ

　動機が自己実現であれば，本人にとっても幸せであり，改善効果も期待できます．しかし，現実にはすべての人が自己実現による動機とはならず，なるとしても時間がかかります．したがって，スタートさせるための何らかの動機づけが必要になります．

　人をやる気にさせることは，正直難しいのですが，人は意外と単純なものです．少し誉められたりとか，注目を浴びたりとか，表彰されたり，賞金がもらえるとかでも結構やる気になるものです．お金で釣るようなことは，良くないように感じますが，うまくスタートさせるためには，悪くないでしょう．会社としても，それだけ重要視しているということにもなります．"うちの社員は全然やる気がない"と言っているだけでは，何も変わりません．やる気にさせる何かを始めなければなりません．まず，経営者が関心を持って，良いことは良いと評価すること，特に良いものは表彰するなどして，

会社全体で注目し，評価していることを分かってもらうことが大切です．

しかし，本当は自ら考え，行動することの喜び，自己実現の喜びを感じられるようになれば，最高の動機づけになります．最終的に目指すのはこれです．自己実現の喜びを感じるためには，人からいくら言われてもだめで，自ら認識するしかありません．だからといって何もしないのはよくありません．自己実現が人間にとって最高の喜びであることをきちんと機会を設けて教えることが大切です．気付く人は，教えるだけで気付きます．

**やる気にさせるには，
動機づけるための何らかのアクションが必要である．**

原則4　正しい評価

良いものは良い，悪いものは悪いと正しく評価することが，改善活動を適切に継続的に行うことにつながります．良い評価を受ければ，嬉しいものです．そこから"やる気"が湧いてきます．しかし，評価がばらばらであったり，偏りがあったりするとやる気のある人ほど嫌気がさしてしまうおそれがあるので気をつけなければなりません．

"正しい"評価とは，何かの基準に照らし合わせて判断することなのでしょうが，改善活動の評価となると結構難しいものです．結果がすべてということで基準を設けて，点数により評価している例もありますが，大切なのは結果だけでなく過程も含めて常識的に判断して評価することです．"これは良い"，"これはがんばったな"と

いう素直な評価が実は正しい評価だと言えます．

結果と過程の素直な評価が正しい評価となり，
次への活力になる．

原則5 長 い 目 ────────────────

　人材育成は，やはり時間がかかります．改善も人がやるわけですから，人が育たないと良い改善効果もなかなか生まれません．とにかく時間がかかるものです．子供を育てるのに何年もかかるのと同じなのです．それくらいの忍耐力と辛抱強さをもっていなければいけません．

　以前，人づくりのための活動であるにもかかわらず，わずか半年であきらめてしまった経営者がいましたが，これではあきらめがよすぎます．もっと長い目で見なければなりません．小さくても強い会社になるということは，人間で言えば体質を変えることなのです．これには，当然時間がかかります．自ら考え自ら行動する人材を育成するということも，子供を立派な大人に育て上げるのと同じで，時間がかかるのです．これらは大きくて重い車輪を回すことに似ています．最初は，なかなか回りません．回り出すまでに四苦八苦します．しかし，回り始めると後は意外と楽に回すことができます．改善という車輪を回すこと，そして回し続けること，これには長い目で見ることが大切なのです．

長い目で見て継続させることが目的の達成につながる．

第4章　TK活動5ステップ

◎ TK活動5ステップ

　それでは，実際にTK活動を実施するためのステップを見ていきましょう．この5ステップをきちんと踏むことが大切です．実際に，この5ステップをきちんと踏んだ会社は，早く軌道に乗せることができました．

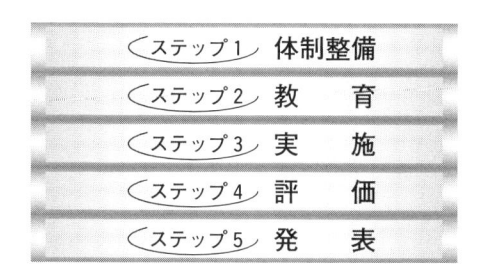

ステップ1	体制整備
ステップ2	教　　育
ステップ3	実　　施
ステップ4	評　　価
ステップ5	発　　表

　ステップ1は，初期に必要です．ステップ2は，初期と新しく従業員が入ってきたときなど随時行います．ステップ3～5は，初期以降継続し，繰り返します．

　ステップ3の実施では，後述するように改善テーマにより，やり方が変わってきます．後ほど説明する改善ストーリーを確実に踏むことにより，良い結果を得られます．ステップ4では，実施結果を正しく評価します．ステップ5では，各々の改善結果をお互いに理解するために，又は勉強，刺激のために発表の機会を持ちます．

　ステップ1　体制整備

　体制がきちんと整備されていなければ，何をやってもうまくいき

ません．原則 1 にあるように全員が参加できるような体制が必要です．有志を募ったプロジェクトチームではなく，全社の組織体制と関連させて体制を整備した方がより効果的です．ここでも経営者の関与が重要です．TK 活動全体の責任者（統括リーダー）は経営者もしくは次期経営者がベストです．もし，任せることができる人がいれば，任せるとよいでしょう．統括リーダーになることは幹部候補者としての最高の教育になります．

　TK 活動は，会社独自の活動になるわけですから，会社に合ったネーミングが必要です．定着させるためにも呼びやすくシンプルな表現がよいでしょう．定着している事例としては，そのまま"TK 活動"とか会社の頭文字と改善の K をとって，"MK 活動"とネーミングしている事例や"MRP"などアルファベット 3 文字にしている事例があります．何かあれば，"それは TK でやろう"とか"MRP のテーマに取り上げよう"となり，より定着しやすくなります．社員の皆さんから自然と口に出てくればしめたものです．

　チームは大きく分けて，職場ごとのチームと組織横断的なチームとの 2 つに分けます．職場ごとのチームは，会社組織としてまとめられた部門あるいは部署の単位で編成（複数もあり）します．組織横断チームには，各職場のリーダー（責任者）にメンバーとなってもらいます．組織横断チームには，近い将来会社の中枢を担っていく職場のリーダーたちが参加し，会社全体を見通したマネジメント技術を身につけていただくことになります．会社の中枢を担うということから，英語では中枢をコア（core）と言いますので，呼びやすくコアチームと名付けます．イメージを次ページに示します．会社によってはコアチームの活動に職場チームの活動とは別のネーミ

4. TK 活動 5 ステップ

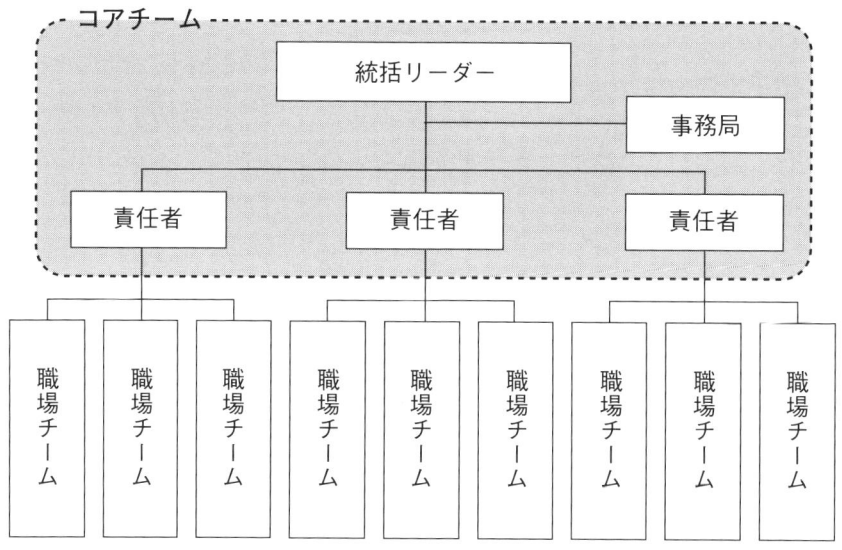

TK 活動体制のイメージ

ングを付けている例もあります．

　コアチームは，会社全体の問題・課題をテーマに改善を進めていきます．これにより会社全体のマネジメントを学んでいくことになります．また，自分の部署だけの問題だけでなく，広く会社全体を見通すようになり，部分最適化（部署内だけの改善）から全体最適化（会社全体の改善）を考えられることを目指します．一方，職場チームは，コアチームからの投げかけや自主的にテーマを設定し，主に職場内の改善をします．

　チーム編成については，職場チームでは，職場ごとに，1チームが4～6名となるようにします．したがって同じ職場に複数の職場チームができる場合もあります．1チームのメンバー数が3名以下

だと，チームマネジメントを学ぶ効果が薄れますし，実際活動が大変です．逆に7名以上だと，チームの統制が取りにくくなり，中には傍観する人も出てきてしまうおそれがあります．職場チームのリーダーは，実際の組織の責任者ではない人にします．実際の組織の責任者は，コアチームの一員となりますので，別の人を指名します．職場チームのリーダーは固定するのではなく，持ち回りにするとよいでしょう．ただし，新人をいきなりリーダーにするのはよくありません．ある程度職場経験がある人で，コミュニケーションがうまく取れる人なら最適です．しかし，ベテランの中には，ただやりたくないとか，面倒だということで一切関わらないようにする人がいます．こういう人はうまく取り込まないと大変です．何もやらないくせに文句ばかり言って，何でも否定することにやたら長けていることが多いからです．

　次にコアチームですが，各職場のリーダーがメンバーとなります．コアチームのリーダーは，チーム改善全体の統括リーダーが兼ねます．コアチームのメンバー，すなわち各職場のリーダーは職場チームのリーダーではありませんが，職場チームの後ろ盾となってサポートをしていただきます．可能であれば，TK活動をスムースに運営するために事務局を置くとよいでしょう．情報伝達，資料配布，進捗確認など横断的に動かなければならない機能が必要になってきます．コアチームのメンバーで事務局を構成して，持ち回りでやってもよいでしょう．

　職場チーム，コアチームのメンバーが決まったら，メンバー表を作成します．できれば，写真入りにして職場や社員が集まるような食堂などに掲示しておくとよいでしょう．自分たちがやっているの

だという意識を持ってもらうためのひとつの方法です．第6章で紹介する活動ボードを作成して，そこに掲示するとよりよいでしょう．また，全体のTK活動体制（体制図など）についても掲示しておくと，より会社全体の活動であることが認識されます．

ステップ1：体制整備

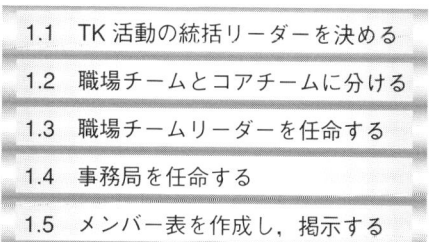

ステップ2　教　育

次は教育です．仕組みができたからといってすぐにできるものではありません．まずは，TK活動の目的，ねらいを十分に理解してもらわなければなりません．ただ社長がやれと言っているという状況では，とても"人づくり"まで行きません．そのためには，きちんと認識してもらえるようなことを何かしなければなりません．

まずは全従業員に対して，TK活動の目的・ねらい，意気込みを経営者自らが話すことが大切です．そうすれば，会社全体の取り組みで重要な活動だということの認識が強まります．キックオフ大会をしたり，年度初めの例会などで宣言したりすることがよくあります．これも有効な方法でしょう．

コアチームのメンバーに対しては，後述する改善ツールの教育が

必要です．ただし，一度に座学で詰め込んでもなかなか習得できません．実際に試しながら教育していくことが大切です．余裕があれば，改善ツールの教育研修時間を設けて，実施できるとよいのですが，そうでなければ実際に改善活動を進めながら，改善手法を学んでいく方法を取ります．コアチームのメンバーは，職場チームをサポートする役割があるので，学んだ改善ツールとその活用方法を考え方とともに伝えていかなければなりません．この職場チームへの伝達，教育もコアチームメンバーにとって良い教育になるのです．

職場チームに対しても，できればまとまった教育ができるとよいのですが，実際の業務が目の前にあるので，職場チームに対する教育時間がなかなか取れないことが多いです．しかし，ほとんどの場合，整理・整頓ができていないので，まずは整理・整頓からということになるでしょう．とにかく始めて，やりながら学んでいくことにしましょう．何もやらない状態で，いくら勉強して詰め込んでも，効果は小さいです．やり始めて，少し悩んでいる状態で行う教育は効果が大きいのです．したがって，職場チームに対しては，定期的に勉強会などを開くとよいでしょう．活動発表会などがあれば，そのときに行うのも効果的です．実際に実施したことに対するコメントや評価はすっと体の中に入っていくものです．

コアチーム，職場チームのどちらにしても，うまく導いていくコーチが必要です．他の会社で改善活動の経験がある人や外部の専門家にアドバイスを受けるとよいでしょう．また，自分自身でも勉強が必要です．"仕事＝作業＋改善"なので，作業（職務）にかかわる専門技術・技能を磨かなければなりませんし，改善の力も上げていかなければなりません．平日はむりにしても，休日には少し勉強しま

しょう．休日はすべて遊びに使ってしまうのではなく，半分は勉強に充てましょう．本屋に行けば勉強すべき材料がごろごろしています．

ステップ2：教　　育

2.1	TK活動の目的・ねらいを認識させる
2.2	コアチームメンバーが改善ツールを学ぶ
2.3	コアチームメンバーが職場チームに伝える
2.4	やりながら身に付ける
2.5	自分自身で勉強する

ステップ3　実　　施

さて，いよいよ実施ですが，ここでまず改善テーマの区分を考えなければなりません．改善には，整理・整頓など，何をしなければならないかが，すでに分かっていて後はやるだけの改善テーマと，問題や課題は分かっているが，何をどうしてよいのかよく分からない改善テーマがあります．そして，後者の中にも，中くらいのものと大がかりなものとあります．これらをそれぞれ小改善，中改善，大改善と呼ぶことにします．

> 小改善：何をしなければならないか明らかなテーマ
> 中改善：何をどうしてよいか分からないテーマ
> 大改善：全社的に対応すべき中改善よりも大きなテーマ

実は，小改善と中・大改善とでは改善の進め方が違います．小改善は，何をしなければならないかが明らかなので，すぐ行動を起こすだけです．したがって，問題点と改善後の効果さえ，きちんと押さえられていればよいのです．職場チームでは，この小改善がどん

どん実施されるはずです．特に整理・整頓は，まずしっかりとやらなければなりません．すべての改善は，整理・整頓から始まります．

小改善では，問題点をどんどん出すことが大切です．最初は，問題点がなかなか出てきません．問題を問題だと認識していないからです．問題を問題だと認識するためにも，とにかく，たくさん出すことを目指してください．

小改善を整理するためにも，効果的に進めるためにも，TK活動9ツールのひとつである活動シートを利用するとよいでしょう．様式があれば，様式を埋めていくことで，ポイントを押さえていくことができます．小改善の進め方はシンプルで，3つのストーリーで進められます．詳細については，第5章で説明します．

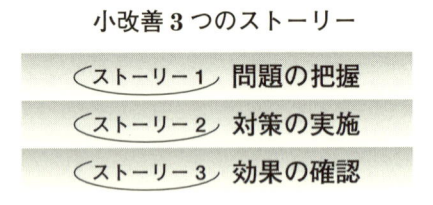

小改善3つのストーリー

- ストーリー1　問題の把握
- ストーリー2　対策の実施
- ストーリー3　効果の確認

次は中・大改善です．中・大改善こそ，しっかりやらなければ会社は良くなりません．しかし，中・大改善のテーマは問題こそ分かっているものの，何をどうすればよいのかが分からないものなので，進めるのが大変です．

中・大改善を効果的に進めるには，やはり順序立てて進めなければなりません．実は，中・大改善が確実に進められる6つのストーリーがあります．このストーリーどおり，確実に進めていくことが

効果のある改善への近道です．よくある例として，本来は中・大改善であるにもかかわらず，ストーリーどおり進めず安易に対策を取ってしまうことがあります．これだと，問題の本質を見極めずに表面的な対策になってしまうので，効果のない改善になってしまいます．また，逆に，小改善であるにもかかわらず，むりやり中・大改善のストーリーに乗せようとして，冗長で非効率的な改善になってしまっている例もあります．職場チームは，主に小改善・中改善を実施し，コアチームは，中改善・大改善を実施することになります．中・大改善6つのストーリーの詳細について，第5章で説明します．

中・大改善6つのストーリー

ストーリー1	問題の把握と現状分析
ストーリー2	目標設定
ストーリー3	要因解析
ストーリー4	対策の立案と実施
ストーリー5	検　　証
ストーリー6	定 着 化

ステップ3：実　　施

3.1	小改善・中改善・大改善を理解する
3.2	小改善3つのストーリーを理解する
3.3	中・大改善6つのストーリーを理解する
3.4	職場チームは小改善と中改善を実施する
3.5	コアチームは中改善と大改善を実施する
3.6	3＋6ストーリーに従って改善を進める

ステップ4 評　価

　実施された後のフォローがなければ，長続きしません．原則4にあるように，適切に評価することが大切です．評価をしないというのは，会社として関心がないことと同じです．関心が集まらなければ，誰もやる気が起きませんし，続けようとは思いません．

　そこでTK活動として，それぞれのチームで実施された改善結果を評価しなければなりません．特に職場チームについては，改善結果だけでなく，チーム内の活動状況についてもきちんと評価すべきです．

　改善結果については，コアチームメンバーにより評価するとよいでしょう．評価の仕方は，メンバーによるばらつきができるだけ少なくなるように，評価項目と評価基準を設けることが望まれます．評価項目には，改善効果，アイデア，難易度，完成度などの例があります．評価基準は，5点満点や3点満点の例が多いです．評価結果は，掲示や報告会などの発表により必ずフィードバックし，職場チームに伝えることが必要です．やりっ放しは絶対にいけません．

　しかし，原則4にもあるように，結果だけを評価したのでは，"正しい評価"とは言えません．チームで協力して，がんばったところは評価してあげなければなりません．結果は芳しくなくても，非協力的な人をうまくチーム活動に巻き込んで一緒にできたというのも大きな成果です．こういうことをきちんと評価して，誉めてあげなければなりません．このような評価は，点数などは付けにくいでしょうから，別のやり方が必要です．それには，統括リーダーやコアチームメンバーが職場チームとコミュニケーションをとって声をか

けてあげることが大切です．ちょっとした声かけも，実は評価の一部であり，その結果，効果をさらに上げることになります．また，何らかの見えるかたちでの評価が必要な場合は，努力賞，特別賞のようなものでフィードバックしてもよいでしょう．

　コアチームについては，統括リーダーもしくは経営者が評価することになります．経営者の視点での評価になるでしょうから，厳しい評価となるでしょう．しかし，そこにも人材育成の一環であるとの認識を忘れてはいけません．

　　ステップ4：評　　価
4.1	職場チームの評価方法を決める
4.2	コアチームが評価する
4.3	結果だけでなく活動内容も評価する
4.4	評価結果をフィードバックする

ステップ5　発　　表

　せっかく皆でがんばってきた活動結果ですから，やはり発表の機会を設けるとよいでしょう．がんばってきた前向きなチームにとっては，自分たちの成果を伝えるよい機会になります．また，発表することにより，改善活動を振り返り整理することができるし，他のチームの良い事例を学ぶことができます．あまり前向きになっていないチームにとっては，発表があることにより，やらざるを得ない状況になります．これは，これでよく，とにかく原則2のように習慣づけば，後はうまく回っていきます．

発表時間は，小改善と中・大改善では異なります．小改善の発表は3〜5分くらいになるでしょうし，中・大改善では10〜15分くらいになるでしょう．当初は小改善も発表することでよいでしょうが，TK活動が軌道に乗ってきたら，小改善は報告・掲示くらいにして，中・大改善を中心に発表するとよいでしょう．

　発表方法は，プロジェクターを使うのが一般的です．発表のためだけの資料作成は，できればなくしたいものです．TK活動9ツールのひとつである活動シートを使って発表すれば，資料作成の時間を節約できます．いずれにせよ，発表の後には質疑応答の時間を設けて，いろいろな意見を出してもらうとよいでしょう．他のチームの改善を見て，自分なりの感想を持ち，それを伝えるということも大切な訓練です．自ら発言できればベストですが，あまり意見や質問が出ないようであれば，司会者から振るようにするとよいでしょう．発表も意見や質問も良い訓練と考えて下さい．活発なディスカッションまで発展すると成功です．すべてのチームが発表できればよいのですが，チームの数が多く時間に限りがある場合は，評価結果の良いチームに発表してもらうとよいでしょう．ただし，評価結果の良いチームは毎回同じになってしまうこともあるので，チーム選択の工夫が必要です．

　発表の際に，経営者，統括リーダーの感想・コメントを出してもらい，必ず発表内容についてフィードバックしてください．この感想・コメントの内容が今後のTK活動の方向性を決めます．誉めるべきところは誉めて，正すべきところはきちんと伝えることが必要です．

ステップ5：発　　表

5.1	発表でも小改善と中・大改善は区別する
5.2	発表方法を決める
5.3	発表の後に活発なディスカッションをする
5.4	発表内容についてフィードバックする

第5章　TK活動9ストーリー

◎ TK活動9ストーリー

　効率よく，効果的にTK活動を実施するための9つのストーリーを紹介します．小改善の3つのストーリーと中・大改善の6つのストーリーを合わせて9ストーリーと呼びます．

　改善テーマとしては，職場チームでは，日常業務の中で，やりにくさや効率の悪さを感じていたものから始めるとよいでしょう．まずは，すぐに達成できるやさしいものから始めることが大切です．整理・整頓は真っ先にすべきです．職場チームでは，整理・整頓がきちんとできれば8割くらい改善が進んだと見てもよいくらいです．後はとにかくムダをなくすことです．コアチームでは，会社全体の体質改善，体力向上につながるものを取り上げるとよいでしょう．また，労働安全，環境についても重視すべきです．人づくりをしているのに，労働災害や環境汚染があったのでは元も子もありません．

　あらゆるムダをなくすということは，体質改善になります．しかし，いくら体質が改善されても，体力がなければ競争には勝てません．企画力，営業力，開発力，技術力，生産力を伸ばすことにより，体力を強化させることができます．体力強化のテーマについては，業種，業態，規模で異なり会社ごとに違いがあるでしょう．一方，体質改善のテーマのひとつであるムダをなくすについては，どの会社でも共通しているでしょう．ムダには典型的なものがあります．すべてのムダはお金に響いてきますので，ムダをなくすことは，お金の節約になります．家庭でも会社でもムダなお金は使ってはいけ

ません.

```
職場チーム：整理・整頓
　　　　　　ムダをなくす
```

```
コアチーム：会社全体の体質強化
　　　　　　会社全体の体力向上
```

　したがって，ムダをなくさなければならないのですが，ムダをなくすのに，減らすべきものが2つあります．それは，数と時間です．不良品の数，余分な在庫の数，運ぶ時間，探す時間，待つ時間，余分な動作時間などです．これら以外にも減らすべきものがありますが，まず，これらを減らすことを考えましょう．

```
数を減らす　：不良品
　　　　　　　余分な在庫　など
```

```
時間を減らす：運ぶ時間
　　　　　　　探す時間
　　　　　　　待つ時間
　　　　　　　余分な動作時間　など
```

　第4章でも触れましたが，改善はテーマにより，小改善，中改善，大改善と区分できます．

```
小改善：何をしなければならないか明らかなテーマ
中改善：何をどうしてよいか分からないテーマ
```

> 大改善：全社的に対応すべき中改善よりも大きなテーマ

◎ 小改善3つのストーリー

　小改善は，何をしなければならないかが明らかなので進め方は大変シンプルです．以下の3つのストーリーで進めていけばよいのです．第4章でも触れましたが，小改善テーマを小改善の3つのストーリーでやるべきなのに，むりやり，中・大改善の6つのストーリーでやってしまう例を多く見受けます．これだと発表のためだけの改善になってしまいます．小改善については，3つのストーリーで迅速に，数多く行うことが求められます．

小改善3つのストーリー

- ストーリー1　問題の把握
- ストーリー2　対策の実施
- ストーリー3　効果の確認

ストーリー1　問題の把握

　小改善の場合は，問題の把握は簡単です．しかし，何がどう問題なのかを明らかにしておかないといけません．そうしないと何をどうすべきかが分かっているようで，実は全くの見当違いであるということが起こります．

　何がどう問題なのかをできれば数値で示すことができるとよいでしょう．時間，金額，数量やこれらを組み合わせたもの（時間当たりの生産数量，1個当たりの金額など）が考えられます．作業がやりにくくこれだけ時間がかかっているなどです．

しかし，数値だけにこだわってもいけません．整理・整頓は，数値で出そうと思えば出せないことはありませんが，そんなことを考える前に，整理・整頓した方が早いです．例えば，"工具の整理・整頓ができていない"という問題把握でもよいでしょう．中には，"玄関の雰囲気が暗い"というのも悪くありません．

とにかく小改善は数を出すことが大切ですので，数値にこだわり過ぎてせっかくの改善テーマを取り上げないなどということのないようにしましょう．

ストーリー2　対策の実施

　何をすべきかもう分かっています．後は実施です．小改善は，職場チーム全員で取り組まなければなりません．職場チームリーダーは，チームメンバーをうまくまとめて引っ張っていかないと，一部の人だけが参加することになってしまいます．原則1にあるように全員参加が基本です．改善に消極的な人，今までやっていたことを変えたくない人，消極的を通り過ぎてがんばっている人の足を引っ張るような人は，どこの会社にもいます．達成感を味わったことのない可哀想な人だと思って，じっくり話し合って教え込んで下さい．自分だけやっていないのが恥ずかしくなってくるように，周りが積極的に取り組んでいればよいのです．

　実施をいつやるのかも重要です．職場チームの場合，日常の業務があるので，なかなか時間を取れません．小さな会社では，ひとり何役もこなさなければならないので，忙しい人ばかりです．よって活動時間をあらかじめ決めておくとよいでしょう．例としては，毎日5～10分あるいは週1回30分という具合です．そして，いつも

問題になるのが，就業時間中に実施するのかどうかです．自主改善活動なのだから，就業時間外に自主的に行うべきだという考え方もありますが，"仕事＝作業＋改善"だとすると，休憩時間も含めた就業時間中に行うのがよいかと思います．

ストーリー3　効果の確認

対策を実施した後には，その対策が本当によかったのかどうか確認しなければなりません．ストーリー1の問題の把握で何がどう問題なのかを数値で示すことができたのであれば，効果も数値で示すことができます．例えば，30分かかっていた作業が15分でできるようになったとか，在庫が半分になったとかです．

問題の把握で数値が出ていない場合は，効果があったのかどうかを"感じ"で推し量ればよいでしょう．例えば，整理・整頓などであれば，探す手間がなくなったとか，雰囲気が明るくなったとか効果をすぐに感じることができます．

効果の確認で気をつけなければならないのは，自分たちの職場だけが良くなって，周りの職場がかえって悪くなっているケースがあることです．極端な例では，自分たちの職場の在庫を他の職場に押し付けただけで"在庫が削減できました"と，あたかも効果があったように結論づけている例もありました．これには，職場チームリーダーがきちんと認識するとともに，コアチームとしても，職場チーム間を含めた全体での効果を監視していくことが大切です．

◎中・大改善6つのストーリー

次に中・大改善の進め方ですが，何をどうしてよいのか分からな

いテーマなので，きちんとストーリーに従って進めないとうまく行きません．特に小さな会社では，中・大改善の6つのストーリーにし立てて進めていくことに慣れていないことが多いです．また，本来ストーリー1からストーリー6まで，確実に進めなければならないのに，適当に思いつきで進めて，発表のときに，あたかもそのとおりに実施してきたかのようにストーリー立てて説明するのをよく見かけます．このようにいいかげんな進め方をしても，効果は得られません．地道に実直にこの6つのストーリーを確実に進めていくことが大切です．

中・大改善6つのストーリー

ストーリー1	問題の把握と現状分析
ストーリー2	目標設定
ストーリー3	要因解析
ストーリー4	対策の立案と実施
ストーリー5	検　　証
ストーリー6	定 着 化

ストーリー1 問題の把握と現状分析 ─────────

　まずは，改善テーマに対する問題の把握と現状分析をします．例えば，"不良が多い"という問題に対して，どんな不良がどれくらいあるのか，どの製品のどこの工程で発生しているかなどです．しかし，問題の把握と現状分析をきちんとしようと思うと，実は記録がないとできません．適切な問題の把握と現状分析は，確実な記録が必要なのです．記録がなかったり，あっても記録の内容がよくなかったりすれば，問題の把握ができず，ストーリー1でつまずいてし

まいます．

　問題の把握と現状分析は，互いに関係しています．問題の把握をし，その問題について分析を深めるということ．現状分析の結果，問題の把握を確実にするということ．この2つの面が表裏一体となっているのです．現状分析には少し時間がかかります．記録がしっかり整備されていたとしても，データを取り出し分析するところまでやるとなるとかなり時間を要します．

　現状分析では，様々な切り口で層別しなければなりません．季節別，月別，曜日別，時間別，人別，機械別，ライン別，製品別，材料別，供給者別，温度別など，様々な切り口が考えられます．実は，ある曜日に不良が多発していたなど，今まで見えなかった事実が浮き彫りになり，より深い分析ができます．

ストーリー2　目標設定

　問題の把握と現状分析ができれば，どこまで改善するのかの目標を設定します．ここで気を付けなければならないのは，どうせ目標なのだから，高ければ高いほどよいだろうと考えてしまうことです．実現可能な目標設定をしないと，達成感がありませんし，現実的ではありません．あまりに高い目標を掲げてしまうと，最初からあきらめてしまい，本当はもっと改善ができるはずなのに，中途半端で終わってしまう可能性があります．また，かなり高い目標の場合，それなりの人，モノ，金など多くの経営資源が必要になります．

　かといって低すぎる目標にしても，改善の意味がありません．チームで貴重な時間を使って取り組むわけですから，それなりの目標

を設定したいものです．よくばらつきの範囲内ではないかと思われるような低い目標を見かけますが，過去の結果のばらつき具合を見ておく必要があります．いずれにせよ，活動期間を考慮して設定するとよいでしょう．1か月なら1か月，6か月なら6か月の活動期間に見合った目標設定にするべきです．

職場チームでは，自分たちが満足できる目標になっているかどうかが大切です．コアチームでは，経営者の視点で目標設定をしなければなりません．

ストーリー3　要因解析

中・大改善で最も重要なストーリーがこの要因解析です．よくあるまずい例は，問題を見つけたら，すぐに"ああ，あれをやればよい"と対策に走ってしまうことです．"ああしよう，こうしよう"という対策の議論にいきなりなってしまいがちです．

問題の元を断たなければ，同じことがまた起こります．だから，なぜそのような問題が起きたのか，その要因をしっかり見いださないといけないのです．真の要因は，簡単には分かりません．"なぜ，なぜ"を繰り返してさかのぼって突き詰めていかなければなりません．真の要因をつぶすことができれば，その問題は二度と発生しなくなります．

要因を洗い出していくには，チームメンバー数名で，ディスカッションして意見を出し合うことが大切です．有益なディスカッションのためには，ブレーンストーミングといって，遠慮せずに自由に意見を言うこと，他の意見を批判しないこと，質より量という考え

で数多く意見を出すことを心がける必要があります．特に若い人や経験の少ない人の意見を採り入れるようリーダーは気を配らなければなりません．意見の言いやすい雰囲気づくりもリーダーの役割です．

しかし，いくら活発にディスカッションできても，いろいろな意見がたくさん出れば出るほど，頭の中が整理できなくなってきます．人の意見を聞いて，頭の中だけで理解できる情報量というのは極めて少ないのです．頭の構造を変えるわけにはいかないので，何らかのツールが必要になります．特に，皆が目で見て分かるようにすることが大切です．頭の中で整理すべきことを紙やホワイトボードに書いて，目で見て分かるようにし，皆で情報を共有しながら，進めていくことが非常に効果的です．

そのためのツールとして第6章で説明する9つのツールのうちの"要因解析図"，"グルーピング"があります．これらのツールはあくまでもツールなので，ディスカッションのときに生で使うものです．ですから後で清書するにしても，オリジナルはかなりぐちゃぐちゃに書かれているはずです．ぐちゃぐちゃであるほど，活発なディスカッションができたことになります．発表のために，あわてて作ったりするのは論外です．

真の要因をつかまえて，それをつぶさなければ問題の解決にはならず改善になりません．しかし，何が真の要因なのかはズバリ分からないことが多いものです．それでも，皆の知恵を出していくつかに絞ることができれば，次のストーリーに進めることができます．

ストーリー4　対策の立案と実施

　要因が絞られてくれば，後はその要因を取り除くための対策を立案します．対策の立案に際しては，要因解析と同じように，メンバーで大いにディスカッションするとよいでしょう．そして具体的な実施項目をあげて，何を，いつまでに，誰がやるのかを明確にしなければなりません．PDCAサイクルで言うと，P（計画）に相当します．PDCAを確実に実施しようとすると，C（チェック）が適切にできなければうまく行きません．そのためには，チェックができるような計画になっていなければなりません．例えば，1週間ごとにチェックをしようとすれば，1週間ごとにチェックができるような計画が必要です．計画はきちんと表にして，皆が見えるようになっていなければなりません．計画表には，実施項目，日程，担当を明確にします．

　実施は，計画に従って淡々と進めていきます．何が何でも計画どおりに進める気持ちがなければなりません．しかし，様々な障害が起こって計画どおりにいかない場合もあります．そういう場合は，計画を見直して，再度PDCAを確実に実施していかなければなりません．この計画の見直し・変更を怠ると，PDCAサイクルはストップしてしまいます．

ストーリー5　検　　証

　小改善のストーリーと同様，対策の効果の確認をしなければなりません．要因を解析し，その要因を取り除くべく対策を実施したとしても，本当に効果があったのかどうかを確認する必要があります．目標を設定していますので，その目標を達成したのかどうか，また，その程度を数値で示す必要があります．

小改善と違って，中・大改善のテーマは，何をどうしてよいのかがもともと不明確であるので，不確実な要素が多くあります．したがって，本当に真の要因を捉えていたのかどうか，本当に対策が適切であったのかどうかを振り返って検証する必要があります．検証に際しては，目標達成度や効果の程度をもとに，チームメンバー全員で振り返ります．ここでも，ディスカッションが有効です．場合によっては，要因解析からやり直さなければならないようなことも起こるかも知れません．あるいは，ある程度効果があったとして，次の要因を取り除くべく新たな対策立案・実施に向かうかも知れません．

　いずれにせよ，検証をきちんと行い，まずければやり直しや後戻りする勇気を持たなければなりません．目標も達成せず，検証も不十分なのに，適当にふたを閉めてしまうようなことは絶対に避けなければなりません．

＜ストーリー6＞ 定 着 化

　検証の結果，問題なしと判断されれば，後は，その効果が維持できるようにしなければなりません．効果があったということは，実施した対策がよかったわけですから，これを止めてしまわないように，確実に定着化させます．

　定着化させる方法としては，ルールや手順を明確にして関係者に見えるようにするのが効果的です．ボードを使って視覚的に伝える方法や，手順などを文書化してマニュアルを作成する方法があります．どちらにしても，教育は必要です．マニュアルを作成したから終わりということではいけません．その内容やポイントをしっかり

関係者に伝えて,よく理解してもらいましょう.

　より効果的な定着化とするためには,決めたことと違うことをするとすぐに分かるようにしておくとよいです.場所を決めたなら,ラインを引いて表示をする,量を決めたなら,どれくらいが正しい量なのか見て分かるようにすることが必要です.このように"見える化"をきちんとしておけば,決めたことから外れるとすぐ分かるようになり,決めたことを守るようになります."禁煙"と大きく書かれたところでは,だれにでもすぐ分かるのでタバコが吸えないというのと同じです.

第6章　TK活動9ツール

◎ TK活動9ツール

　TK活動を実施する際に便利で有効な9つのツール（道具）を紹介します．大工仕事では，良い大工道具がなければ良い仕事ができないように，改善も同じです．良い道具をうまくこなして，良い結果を得たいものです．

　9つのツールは3つに分類されます．1つ目は，どこに問題があるかを探るためのツール，2つ目は問題を掘り下げるためのツール，3つ目は改善をうまく進めるために見えるようにするツールです．世の中には，すでに"QC 7つ道具"とか"新QC 7つ道具"がありますが，これら7つ道具の中には，日常的に使うには結構難しいものがあったり，現実に使いきれないものがあったりします．そこで，誰にでも使えて，かつ有用なツールをまとめてみました．

　ツールはあくまでもツールなので，ツールを使うことが目的になってはいけません．9つのツールの使用を推奨しますが，必ずしも使わなければならないということではありません．QCサークル活動でよく見受けられる，発表のためにむりやり7つ道具を使うようなことをしてはいけません．使う必要がなければ使わなくてもよいのです．しかし，使いこなせれば本当に役立つよいツールになるので，最初は試行錯誤をしながらでも使って，徐々に慣れるとよいでしょう．このようなツールは，座学で簡単に身に付くものではありません．自分で悩みながら，何度も使ってみて初めて身に付く物です．知識として知っていることと，実際に使いこなすこととは格段

に差があります．知識として知っているだけでは，全く役に立ちません．どうか実践で繰り返し使ってみてください．

TK 活動 9 ツール

- ツール 1　工程フロー図 ┐
- ツール 2　工程管理表　 ┘→探る
- ツール 3　マトリックス ┐
- ツール 4　グルーピング │
- ツール 5　要因解析図　 ├→掘り下げる
- ツール 6　ブロック図　 │
- ツール 7　グラフ　　　 ┘
- ツール 8　活動シート　 ┐
- ツール 9　活動ボード　 ┘→見えるようにする

　ツール1と2は，"探る"機能を持つツールです．問題や課題は，会社のどこにあるのか，どこを改善すべきかなどを"探る"ツールです．"品質は工程で作り込む"ための工程と管理方法を見えるようにするツールです．

　ツール3～7は，"掘り下げる"機能を持つツールです．問題や課題をより掘り下げて，効果的に改善するためのツールです．

　ツール8と9は，"見えるようにする"機能です．改善の状態が見えてなければ，改善されたのかどうか分かりませんし，達成感も得られません．改善活動を"見える化"するためのツールです．他の職場チームがどんなことに取り組んでいるのか，コアチームがどん

なことに取り組んでいるのか，また，その効果はどうなっているのかなどの情報を見えるようにします．

ツール1　工程フロー図

　顧客から注文があり，製品を出荷するまでには，いろいろなプロセスを通ります．そのプロセスは，つながりがあって仕事が進められていきます．つまり，会社というのは，多くのプロセスとそのつながりでできているのです．会社で発生する問題というのは，このプロセスの管理のまずさから起こったり，つながりのまずさ（うまく情報が伝わっていないなど）によって起こったりします．したがって，まず私たちはどのようなプロセス（工程）があり，そのプロセスの責任はどこにあり，プロセス間がどのようにつながりがあるのかを明確にして，どこに問題があるのかを常に監視していなければなりません．

　結果だけでなく，プロセスを管理することが大切なので，プロセスとプロセスのつながりがきちんと見えるようになっていなければなりません．プロセスが見えなければ，プロセスの問題点が見えてきませんし，改善はできないのです．そこで，見えるようにするためのツールとして"工程フロー図"があります．次ページに工程フロー図の例を紹介します．このような要領で記述していただくとよいでしょう．工程フロー図を書くには，フローチャート作成機能が付いているマイクロソフト社のExcelやVisioが便利です．

　工程フロー図を作成しているうちに，これを作成することが目的だと思ってしまうことがよくあります．工程フロー図を作成する目的は，あくまでも"品質を工程で作り込む"ために，プロセスとプ

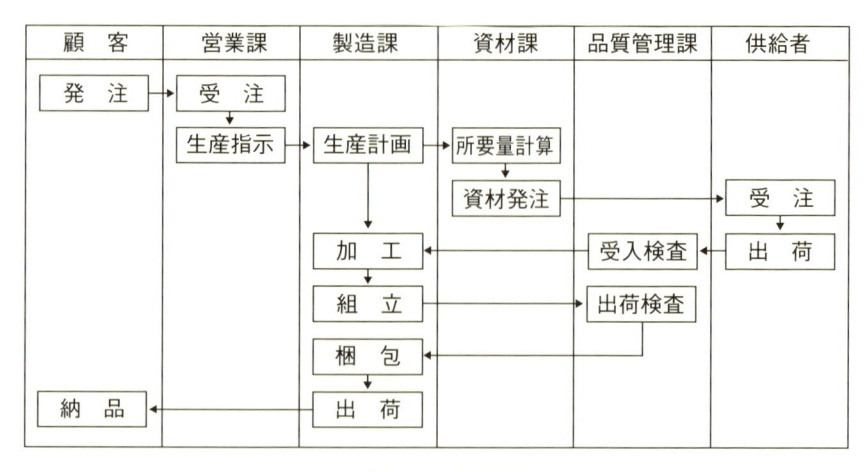

顧客	営業課	製造課	資材課	品質管理課	供給者
発注 →	受注 ↓ 生産指示 →	生産計画 ↓ 加工 ↓ 組立 ↓ 梱包 ↓ 出荷	所要量計算 ↓ 資材発注 →	受入検査 → 出荷検査 →	受注 ↓ 出荷
納品 ←					

工程フロー図の例

ロセスのつながりを見えるようにして，改善につなげることです．このことを決して忘れてはいけません．

　上図の例では，工程が大まかになっていますが，実際には，もう少し細かくなるでしょう．業種，業態によってはかなり複雑になります．工程フロー図を作成する目的はプロセスとプロセスのつながりを見えるようにして，改善につなげることですので，大きすぎず，小さすぎず責任範囲が明確になるような工程の大きさにする必要があります．配置としては，一番左を顧客にして，一番右を購買先などの供給者にするのが一般的です．部署ごとにたての列を割り付けて，顧客の発注から納品までの流れを上から下へ流れるように記載していきます．基本的には，情報の流れに沿って記載していきますが，モノ（製品）の流れが別で，識別して記載しないと分かりにくい場合は，線の種類などを変えるなどの工夫をします．

工程フロー図ができたら，一度コアチームメンバーなどで，フロー図に従って，現場で検証してみるとよいでしょう．フロー図と実際との差があれば，実際に合わせて修正します．つながりの確認は，記録などを追って確認するとよいでしょう．

ツール2　工程管理表

工程フロー図により，プロセスとプロセスのつながりが明確になりました．その次にやるべきことは，これらのプロセス（工程）ごとにどのように管理すべきかを明確にすることです．プロセスがきちんと管理できれば，出てくる製品は良いはずだという"品質は工程で作り込む"の考え方をより明確にして実践することが重要です．どのように管理すべきかを明確にしたものが，"工程管理表"です．

工程フロー図から分かるように，プロセスには，インプットされる情報や物とアウトプットされる情報や物が必ずあります．ですから，まずインプットとアウトプットには何があるかを明確にしなければなりません．また，そのプロセスで管理すべき項目と基準を明確にしなければなりませんし，誰が，どのような方法で行うのかも明確にする必要があります．

また，プロセスを管理するためには，プロセスの状態を察知するために，各プロセスについて何らかの指標を決めて，監視しなければなりません．それらの指標について，継続的に監視し，異常があれば検出できるようにします．しかし，そのためには，各プロセスで必要な記録を取らなければなりませんので，どのような記録を残すのかを明確にします．

工程管理表も作成後，一度検証する必要があります．インプットとアウトプットを実際に確認しながら工程を進んでいきます．管理項目，基準，方法が実際と異なっていることがよくありますので，注意深く検証してください．

製造課

工程	インプット	アウトプット	管理項目	基　準	方　法	担当	記　録	指　標
生産計画	生産指示書 図面	生産計画表 図面	納期	納期を満たす計画であること	計画都度 目視確認	計画係	生産計画表	納期遵守率
加工	生産計画表 図面 材料	部品	寸法	図面	加工完了時 ノギス測定	加工係	加工作業票	加工不良率 生産性
組立	生産計画表 図面 部品	製品	組付部品 外観	図面 キズなきこと	組立完了時 目視確認	組立係	組立作業票	組立不良率 生産性
梱包	検査済み製品	梱包済み製品	梱包仕様	梱包仕様書	梱包ごと 目視確認	梱包係	梱包作業票	梱包不良数 生産性
出荷	梱包済み製品	出荷製品	出荷日 出荷先	生産指示書	出荷ごと 目視確認	出荷係	生産指示書	出荷ミス数

品質管理課

工程	インプット	アウトプット	管理項目	基　準	方　法	担当	記　録	指　標
受入検査	材料	検査済み材料	材質 寸法	図面 注文書	納入ロットごと 目視確認	検査係	受入検査票	材料不良率 不良流出件数
出荷検査	製品	検査済み製品	機能 外観	製品検査規格	全数 目視確認	検査係	検査記録	製品不良率 不良流出件数

工程管理表の例

上記の例では，製造課，品質管理課と部署ごとにまとめていますが，業務の流れに合わせてまとめてもよいでしょう．製造に関しては，より詳細な"工程管理表"が必要になることでしょう．"QC工程表"などが作成されていれば問題ありませんが，インプット，アウトプット，指標については記載されていないことが多いので必要に応じて追加します．

工程管理表は，プロセスの責任者が使うもので，これによりやるべきことが実施されているかをチェックし，問題があれば是正をします．管理方法に問題があれば，管理方法自体を見直さなければなりません．工程管理表と実際とが異なっていることがよくありますが，これは管理者が管理をしていないことを表明していることと同じです．

ツール3　マトリックス

　問題・課題の整理や明確化をするときに，頭の中だけで考えていると，ごちゃごちゃになってしまうことがあります．頭の中を整理し，見えるようにするツールが"マトリックス"です．要は，"表"のことですが，これをうまく使うと頭の中の整理に大変役立ちます．また，人に説明するときも，相手に理解させやすくなります．

　例えば，顧客アンケート結果を整理するときに，年代別，男女別などで整理した方が分かりやすいし，その後の対応にも役立ちます．このように，異なる条件がいくつかある場合は，その条件ごとの違いが分かるように表にして整理すると分かりやすくなります．しかし，データを取るときに，その条件をきちんと記録しておかないと，条件ごとに整理することができないので注意が必要です．

　条件の取り方にも工夫が必要です．うまく条件取りしないとかえって分かりづらくなってしまいます．分けて考える意味のあるものを条件とする必要があります．会議などで，ホワイトボードを使ってマトリックスを前にディスカッションすれば，より効果的になるでしょう．何もない状態でのディスカッションは焦点がぼけたり，まとまりがなくなったりします．また，マトリックスに使用する分

類データには，言葉の場合と数値の場合があります．

いずれにせよ，普段からマトリックスで頭の中を整理しながら，よく考えて仕事をしていくことが大切です．何か迷ったら，ちょっと表を書いて，埋め込んでいくと何かしらのヒントが得られることでしょう．次に"マトリックス"の例を紹介します．

		顧　客	
		既　存	新　規
製品	既存	安定供給 コストダウン	ルート開拓 価格戦略
製品	新規	新製品開発 顧客提案	業務提携 産学協同

分類データが言葉の例

		顧　客	
		既　存	新　規
製品	既存	売上 50億円	売上 1億円
製品	新規	売上 10億円	売上 0.5億円

分類データが数値の例

マトリックスの例

　上記左側の例では，顧客（既存・新規）と製品（既存・新規）を条件として，分類データが言葉となっています．条件ごとに戦略を練る場合に有効です．右側の例では，条件は同じですが，分類データが数値となっています．条件ごとの売上比較をするときなどに，計数的な大小を分かりやすくするのに有効です．他の例としては，条件を内部環境・外部環境とプラス面・マイナス面として，経営戦略を分析するSWOT分析［Strength（強み），Weakness（弱み），Opportunity（機会），Threat（脅威）］というのがあります．プラス面を伸ばしたり，マイナス面を克服したりする戦略を考えます．以下に例を紹介します．

	プラス面	マイナス面
内部環境	・新製品開発力がある ・特許が多く独自性がある ・自社ブランドを持っている S（強み）	・管理者の育成が遅れている ・販売網の整備が遅れている ・社内規定などの標準化が遅れている W（弱み）
外部環境	・対象顧客のマーケットが拡がりつつある ・同業他社に比べ海外生産拠点が多い ・大口顧客との取引が多い O（機会）	・異業種からの参入が多い ・新興国からの輸入が増加している ・原料高の傾向が続いている T（脅威）

SWOT 分析の例

ツール4　グルーピング

　会社では，毎日のように様々な問題や課題が発生しています．そして，それら問題の整理や対策，課題の達成について関係者が集まってディスカッションすることが多いのではないでしょうか．

　しかし，皆さんも経験されていると思いますが，何人かで集まってディスカッションしていると，話が拡がってしまったり，あらぬ方向にいってしまったりして，まとまらないことがよくあります．いろいろな意見が出ることはよいのですが，ただ出てくるだけで，ひどい場合には，今何をディスカッションしていたのかさえも忘れてしまうことがあります．

　いろいろな人の意見をうまくまとめて，見えるようになっていれば，より良いディスカッションができて，正しい結論に導くことができます．そのためのツールとして"グルーピング"があります．グルーピングは"親和図法"とも呼ばれ，新QC 7つ道具のひとつです．このツールは，混沌としている問題点や課題の絞り込みに有効です．絞り込むことによって，さらにディスカッションがより集中してできるようになります．

次に"グルーピング"の例と手順を紹介します．

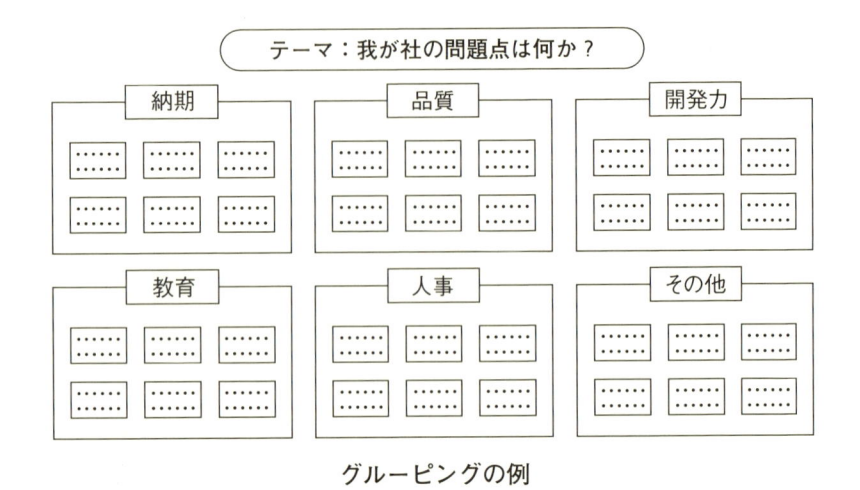

```
         テーマ：我が社の問題点は何か？
┌─────────┐ ┌─────────────┐ ┌─────────┐
│  納期   │ │    品質     │ │ 開発力  │
│ ▭ ▭ ▭  │ │ ▭ ▭ ▭ ▭    │ │ ▭ ▭ ▭  │
│ ▭ ▭ ▭  │ │ ▭ ▭ ▭ ▭    │ │ ▭ ▭ ▭  │
└─────────┘ └─────────────┘ └─────────┘

┌─────────┐ ┌─────────────┐ ┌─────────┐
│  教育   │ │    人事     │ │ その他  │
│ ▭ ▭ ▭  │ │ ▭ ▭ ▭ ▭    │ │ ▭ ▭ ▭  │
│ ▭ ▭ ▭  │ │ ▭ ▭ ▭ ▭    │ │ ▭ ▭ ▭  │
└─────────┘ └─────────────┘ └─────────┘
```

グルーピングの例

手順1	付箋（ポスト・イット®など）をひとり10枚以上配る．
手順2	与えられたテーマ（問題点とか課題）について自分の考えを付箋に記述する．1件1枚にする．
手順3	一番多く書いた人が，ホワイトボードなどに読み上げながら貼っていく．その際，大まかに分類しながら，1枚1枚を離して貼っていく．
手順4	順番に読み上げながら，同じようなものを分類して貼っていく．分類がまとまり始めたら，マーカーでくくってタイトルを付けて，続ける．
手順5	全員貼り終わったら，再度分類を確認し，その分類にふさわしいタイトルを付ける．

　上記の手順に従って進め，分類できないようなものがあれば，その他のタイトルを付け，そこにまとめます．例では，我が社の問題

点について，グルーピングを行いましたが，もし，これを何もツールを使わずにディスカッションしていたら，きっと問題点が絞りきれないでしょう．グルーピングをしたことによって，納期，品質，開発力，教育，人事に問題があることが見えてくるようになります．そこで，テーマをひとつのタイトル（例えば納期）に絞って，問題点についてディスカッションすれば，話が拡散することなく，集中できるようになります．

　このツールは，中・大改善6つのストーリーのうちで，ストーリー1の"問題の把握と現状分析"やストーリー3の"要因解析"など，いろいろな場面で使えます．問題点を絞り込みたいとき，課題やあるべき姿を明確にしたいとき，多くの意見をまとめたいときなどです．言葉だけでなく，書くことによって自分の頭の整理ができますし，何よりも，目で見て分かるようになることが大きなメリットです．

　分類や，適切なタイトルを付けるには，少し慣れが必要です．何度も繰り返し行うことによって，少しずつコツがつかめるので，面倒がらず多くの人に率先して分類役をしていただくとよいでしょう．

ツール5　要因解析図

　ある問題を解決しようとするときに大切なのは，その問題の根本原因を突き止めて，その原因を根こそぎ取り除くことです．そうしないと，同じような問題が再度発生してしまいます．したがって，ある問題を改善するためには，その要因をしっかり洗い出して，突き止めることが必要です．

しかし，現実はどうでしょう．何か問題が発生した場合，すぐに対策を考えてしまうのではないでしょうか．問題を表面的に捉えて，安易に対策の議論をしてしまう例がよく見られます．しかし，そのような対策では効果がなく，同じ問題が再発してしまいます．

また，要因を洗い出す場合も，深掘りしなければなりません．"なぜ"を何度も繰り返して，要因の要因，またその要因というように，真の要因を探らなければなりません．しかし，これをディスカッションだけでやろうとすると大変です．いろいろ意見は出るのですが，頭の中がごちゃごちゃになって整理できません．また，大勢でやっていると議論が拡散してしまい，収拾がつかなくなってしまいます．そこで，必要なのが，要因をきちんと洗い出せ，深掘りでき，また皆で見ることができ，さらに活発な意見が出てくるようなツールです．そのツールが"要因解析図"です．"要因解析図"は，一般的に"特性要因図"，"魚の骨"と呼ばれていますが，TK活動ではこの言葉を用います．要因解析するために大変有用で，重要度の高いツールです．中・大改善6つのストーリーのうちで，ストーリー3の"要因解析"に使えます．また，要因解析図を作成する前に，グルーピングによって要因をあらかじめ洗い出す方法もあります．

次に"要因解析図"の例と手順を紹介します．

| 手順1 | ホワイトボードなどを使用し，要因を解析すべき問題を記述します．その際"なぜ○○なのか？"と書いた方が，要因が考えやすくなります．右端に縦書きにし，四角で囲みます． |
| 手順2 | 大骨を書きます．ちょうど魚の背骨のようになります． |

6. TK活動9ツール

```
         設 備                    人
メンテナンスが不十分      納期を守る      作業のやり方を
                         意識がない      理解していない
点検方法が                              教育されて
定められていない                        いない
  設備が頻繁に停止する    納期を知らない    作業の
                                        遅い人が
    応急処置だけをしている  納期指示がない    いる
─────────────────────────────────────────────────→  なぜ納期遅れが多発しているのか？
   最終工程で      供給者が改善しない   作業標準がない
   不良が見つかる  不良情報が           作業方法が
中間チェックが    伝わっていない        決まっていない
不十分           材料不良が多い        作業方法が
チェック方法が                        ばらついている
不適切    受入検査  検査基準
         で漏れる  が不明確  勝手に作業方法を
                                    変えてしまう
    材料・製品              方 法
```

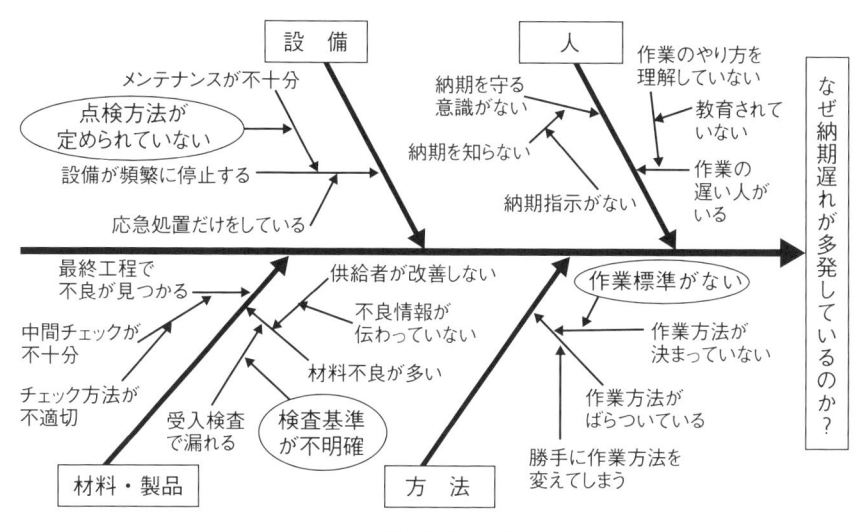

要因解析図の例

手順3　矢印は右を向くようにします．向きは左右反対でもかまいません．その場合は，左端が問題となります．
中骨を書きます．中骨は，要因を解析して改善すべき要素ごとにします．一般的には，生産の4要素（人，設備，材料・製品，方法）でくくります．これらは，それぞれの頭文字をとって4M（Man, Machine, Material, Method）とも呼ばれます．また，測定（Measurement）を加えて5Mとする場合もありますが，測定を方法に入れてもかまいません．また，この4Mにこだわる必要もありませんので，分類すべき良いキーワードがあれば，適当に加えてみてください．グルーピングを行った場合は，分類されたタイトルが中骨になります．

手順4　小骨を書きます．小骨には，中骨で分類された要素に

	おける要因を書きます．つまり，1回目の"なぜ"です．
手順5	そして，1回目の"なぜ"に対して，さらに2回目の"なぜ"を行い，小骨を追加します．
手順6	これを繰り返し行います．"なぜ"は，3回以上を心がけましょう．
手順7	ひととおりの小骨が書けたら，全体を見回して，どの要因が一番効いているか，どれらが手を付けやすいかをディスカッションし，重点要因を絞り込みます．絞り込めたら，印を付けておきます．
手順8	絞り込んだ要因について，対策を考えていきます．

ツール6 ブロック図

　課題達成のための手段を整理して，何をやるべきかを明確にしていくには，"ブロック図"が使えます．ブロック図は，"系統図"とも呼ばれ，新QC7つ道具のひとつでもあります．考え方を整理するために，ブロックを積み重ねていくことからブロック図と呼ぶようにしました．

　あるべき姿である課題に対して，その達成のためには何をしなければならないかを明確にします．その際，ツール4のグルーピングを使ってもよいでしょう．次に，さらに何をしなければならないかを明確にし，順次，階層立てていきます．そうすることによって，遠い感じがした課題に対して，まず具体的に実施しなければならないことが明確になってきます．また，課題達成のための手段を明確にするためだけでなく，"要因解析図"で洗い出された要因を再度整理するためにも用いられます．その場合は，"結果"に対する"要

因"を順次,階層立てていきます.

次に"ブロック図"の例と手順を紹介します.

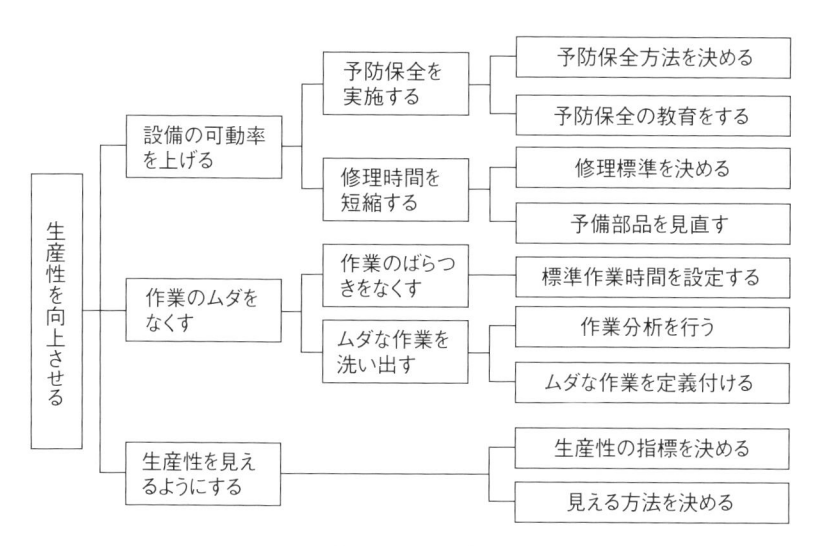

```
生産性を向上させる
├─ 設備の可動率を上げる
│   ├─ 予防保全を実施する
│   │   ├─ 予防保全方法を決める
│   │   └─ 予防保全の教育をする
│   └─ 修理時間を短縮する
│       ├─ 修理標準を決める
│       └─ 予備部品を見直す
├─ 作業のムダをなくす
│   ├─ 作業のばらつきをなくす
│   │   └─ 標準作業時間を設定する
│   └─ ムダな作業を洗い出す
│       ├─ 作業分析を行う
│       └─ ムダな作業を定義付ける
└─ 生産性を見えるようにする
    ├─ 生産性の指標を決める
    └─ 見える方法を決める
```

ブロック図の例

手順1	ホワイトボードなどを使います.まず一番左端に課題を記述します.左から右への階層とします.上から下にする方法もありますが,ホワイトボードが横長なので,あまり用いません.
手順2	次に第1階層として,課題に対する達成手段を洗い出します."その課題達成のためには,○○をしなければならない."というように,手段を書いていきます.
手順3	さらに第2階層においては,第1階層で洗い出された"手段"を今度は"課題"にして,その課題達成のための手段を書いていきます.

手順4	これを順次繰り返します．手段の細かさによって，階層を揃えます．必ずしも第1階層の下は，第2階層になくても，場合によっては第3階層や第4階層であったりします．

ツール7　グラフ

情報を伝達したり，情報から何かを得ようとしたりする場合，情報が文字ばかりだと分かりづらいですね．やはり，視覚で訴える方が分かりやすいです．そこで，グラフが必要になってきます．最近では，Excel などの表計算ソフトには，簡単にグラフが作成できる機能が付いていて，とても便利です．代表的なグラフには，以下のものがあります．

```
棒グラフ　　　　　：数量の大きさを比較する
折れ線グラフ　　　：数量の変化を見る
散布図　　　　　　：2種類のデータの関係を比較する
円グラフ　　　　　：割合を見る
レーダーチャート　：項目ごとの特徴を見る
ヒストグラム　　　：ばらつき具合を見る
```

棒グラフ・折れ線グラフ

棒グラフには，縦型と横型がありますが，一般的には縦型がよく使われます．また，棒グラフのうちで，大きい項目から並べ替え，累積の折れ線グラフを加えたグラフをパレート図と呼びます．割合を見るのには，円グラフがよく使われますが，帯状のものを使うこともあり，帯グラフと言います．グラフ，散布図，パレート図，ヒストグラムはそれぞれ QC 7つ道具のひとつです．

次にグラフの例を紹介します．

棒グラフの例

棒グラフ（パレート図）の例

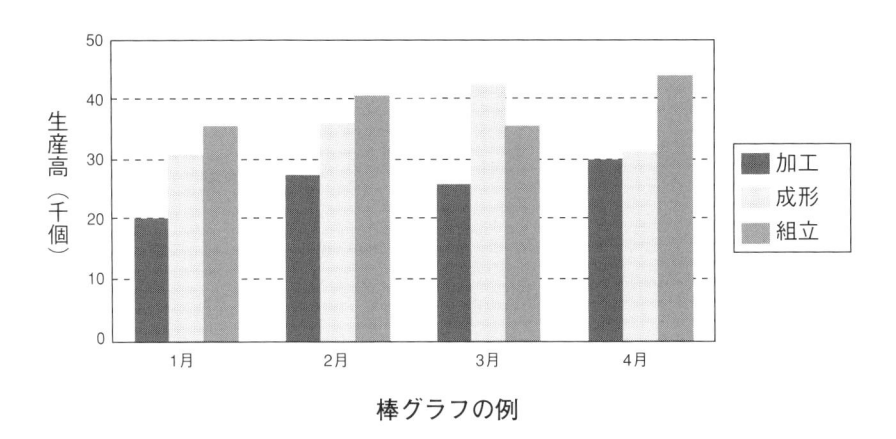

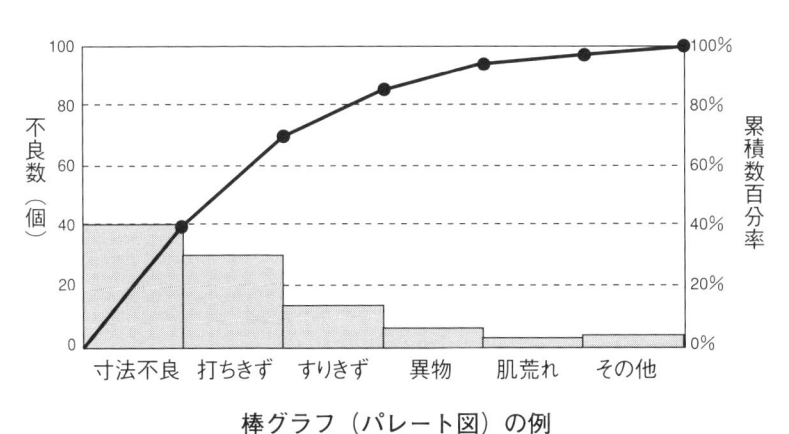

　80 対 20 の法則というのがあります．例えば不良の 80% は 20% の要因によるだとか，売上の 80% を全体の 20% の製品で占めているということなどです．一番影響の大きいものに着目するために，パレート図は効果的です．先の図では，寸法不良と打ちきずが，不良の 70% を占めているので，まずこの 2 つの要因をつぶすことが優先されます．

折れ線グラフの例

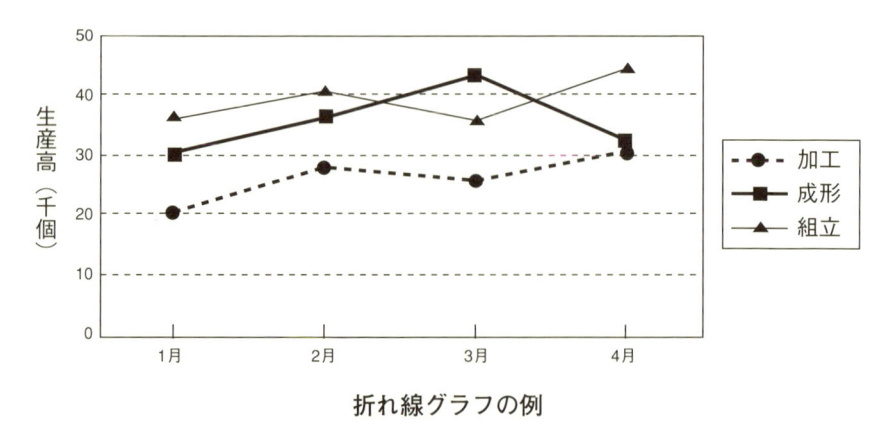

散布図

散布図は2種類のデータの関係を見るためのグラフですが，右上がりであれば，正の相関，右下がりであれば負の相関があると言えます．正の相関とは，片方が大きくなれば，もう片方も大きくなり，負の相関とは，片方が大きくなれば，もう片方が小さくなる関係を言います．また，点がばらばらになっていて傾向が見られない場合は，相関関係はないと言えます．

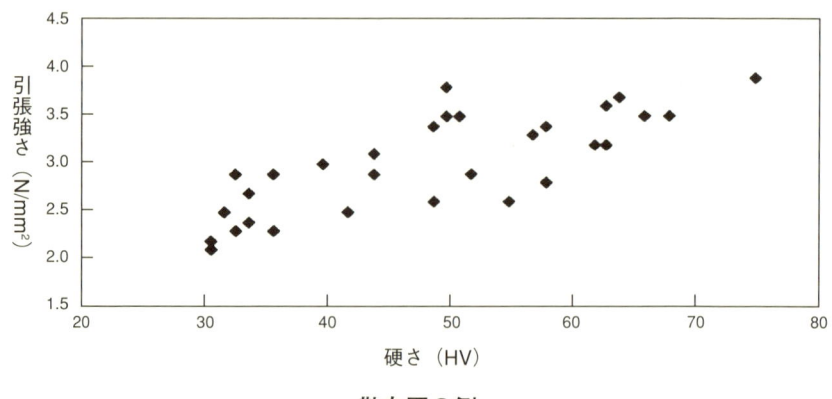

散布図の例

円グラフ

円グラフは，割合を一目で分かるようにするためのものです．一番上の部分を 0 として多い順に並べます．一周（360°）が 100％となります．パレート図の代わりに用いられることもあります．

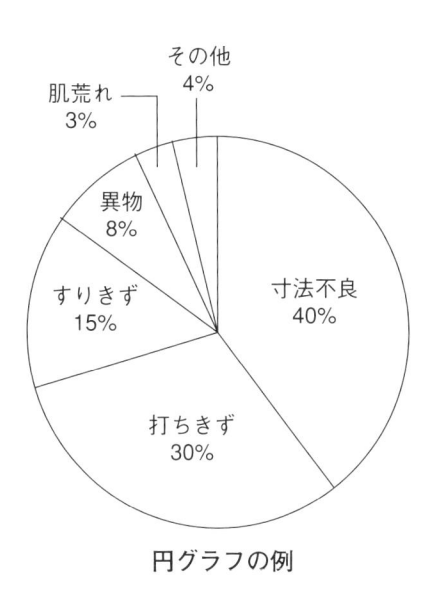

その他 4%
肌荒れ 3%
異物 8%
すりきず 15%
寸法不良 40%
打ちきず 30%

円グラフの例

レーダーチャート

レーダーチャートは，複数の項目の割合やバランスを見るのに便利です．通常は 5～6 項目までで，それ以上だと分かりづらくなってしまいます．いびつな形になっていれば，一目でバランスが悪いことが分かります．また，改善前と改善後で，チャートの大きさの比較やバランスの改善度合いを見ることができます．

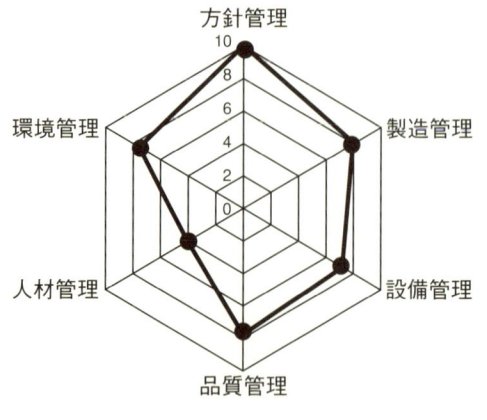

レーダーチャートの例

ヒストグラム

ヒストグラムは，度数分布図とも呼ばれ，数値のばらつき具合を見るためのグラフです．ヒストグラムの山がなだらかなほど，ばらつきが大きいと判断でき，山が急なほど，ばらつきが小さいと判断できます．ばらつきの改善度合いを知るために，改善前のヒストグラムと改善後のヒストグラムの形を比べます．ヒストグラムを作成するのには，少し知識が必要です．

以下に手順とコツを紹介します．

手順1	対応するデータを集めます（おおよそ50～200）．
手順2	データの最大値と最小値を求めます．
手順3	区間の数を決めます．データの数の平方根に近い整数とします．つまりデータ数が100の場合は区間の数は10となります．
手順4	区間の幅を決めます．最大値から最小値を引いて区間の数で割ります．測定のきざみの整数倍になるように

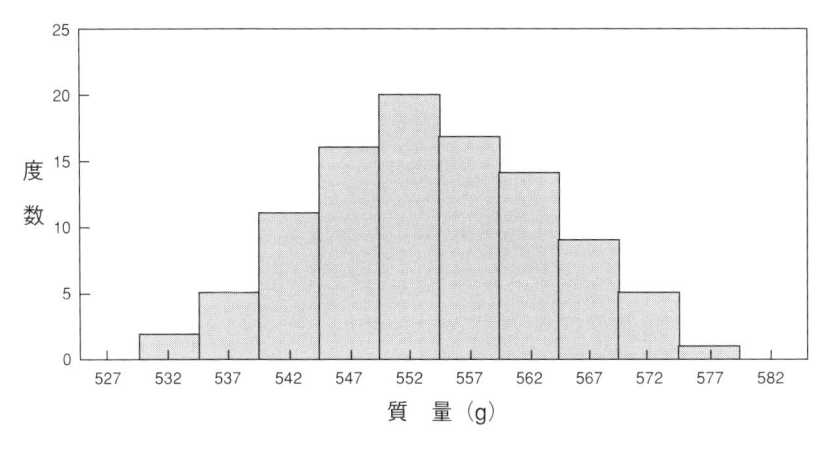

ヒストグラムの例

| 手順5 | 丸めます．
区間の境界値を決めます．第一区間（一番左の棒）下側境界値は，最小値から測定きざみの半分を引いた数値にします．後は区間の幅を足していきます． |
| --- | --- |
| 手順6 | 区間の中心値を求めます． |
| 手順7 | データの度数を数え，表計算ソフトのシートに度数表を作成し，度数を入力します． |
| 手順8 | 後は，表計算ソフトの手順に従って，ヒストグラムを作成します．区間の間隔は0にすると見やすくなります． |
| 手順9 | 必要に応じて平均値や規格値の位置を垂線で記入します． |

　最も大切なポイントは，第一区間（一番左の棒）の下側の境界線を，最小値から測定きざみの半分を引いた数値にすることです．こうしないと，境界のところにデータが乗ってしまい，カウントでき

なくなってしまうからです．

ツール8　活動シート

　改善ストーリーには，小改善3つのストーリーと中・大改善6つのストーリーがあることを第5章で説明しましたが，ストーリーどおりきちんと進めていくことは意外と難しいものです．そこで，"活動シート"を用意して，その活動シートの様式に従っていけば，自然と改善が進んでいくようにします．

　"小改善用の活動シート"と"中・大改善用の活動シート"を用意します．特に，中・大改善は，ともすると改善ストーリーから外れてしまいがちなので，活動シートに従ってきちんと進めていく必要があります．また，これらの活動シートに従って改善を進めていけば，発表の前に改めて発表用の資料を作成する必要がありません．発表のときには，活動シートをそのまま使えばよいのです．発表のためだけに，資料作成の手間をかけるのはムダなことです．本当にストーリーどおり進めていれば，後で手を加えることはほとんどないでしょう．

　最近では，デジタルカメラが普及し，使いやすくなっていますので，大いに活用するとよいでしょう．写真は，パソコンで簡単に貼り付けられますし見た目もきれいです．特に改善前と改善後を比べるのには，同じ位置から撮影した写真を並べると違いがよく分かります．次に"活動シート"の例を紹介します．

　特に"中・大改善用の活動シート"は，途中の進捗報告でも使用できます．とにかくこの活動シートに従って，実行し，報告，発表

6. TK活動9ツール

テーマ		チーム名		リーダー	
		チームメンバー			
問題点		改善効果			
改善前		改善後			
改善前の状況を文章，絵，もしくは写真などで表す．		改善後の状況を文章，絵，もしくは写真などで表す．			

小改善用の活動シートの例

テーマ		チーム名		リーダー
		チームメンバー		
1．問題の明確化／現状分析		4．対策立案・実施		
2．目標設定				
		5．検証		6．定着化
3．要因解析				
		今後の計画		

中・大改善用の活動シートの例

まで行います．

　発表の際には，Excelなどの表計算ソフトやPowerPointなどのプレゼンテーションソフトを使って，プロジェクターで映すとよいでしょう．そうすれば紙も節約できます．プロジェクターで映すと，字が小さく見えづらくなるので，できるだけ大きな字で入力することが必要です．また，よりリアルに分かりやすくするために動画を使うことも考えてみてください．また，活動シートだけでは，説明が足らない場合は，ハイパーリンク機能を使って，追加資料を映せるようにしておけばよいでしょう．追加資料に移ったら，また活動シートに戻ります．あくまでも活動シートをベースに発表することが大切です．また，後述する"活動ボード"に掲示するのにも，この改善シートをそのまま使えるので，掲示する際にもムダな作業をしなくてもよくなります．

ツール9　活動ボード

　TK活動5原則の原則1は全員参加です．全員で参加する以上は，誰がどのような活動を行っているのかが，皆に見えるようになっていなければなりません．TK活動の実施状況を見えるようにするために，"活動ボード"を作成します．活動ボードは，職場チームごとで使う場合と，1か所で使う場合があります．職場チームごとで使う場合には，コアチーム用の活動ボードが必要になるでしょう．

　活動ボードに載せる情報としては，活動メンバー（できれば顔写真付き），連絡事項，活動予定，活動結果（活動シート）などです．次に"活動ボード"の例を紹介します．

6. TK活動9ツール

TK活動ボード					○○チーム	
活動メンバー		テーマ	実施項目	担当	期日	活動シート
リーダー	＊＊＊＊□					
メンバー	＊＊＊＊□					
	＊＊＊＊□					
	＊＊＊＊□					
	＊＊＊＊□					
連絡事項						活動シート

TK活動ボードの例

　また，点数評価をしている場合は，職場チームごとの点数の一覧表を作成しておくと，活動の励みになります．経営者，管理者，あるいはコアチームのメンバーは，いつも職場チームの活動ボードに興味を持っていなければなりません．活動が遅れていたり，停滞していたりすれば，すぐ分かるはずです．うまく行っていないときは励まし，順調に進んでいるときは労をねぎらう言葉をかけて欲しいものです．

　活動ボードを重視し，活用していかないと，すぐに忘れ去られてしまいます．情報や活動予定などが常に最新の状態になっているかどうかお互いに確認しあい，声をかけあうことも大切です．職場チームのミーティングは，この活動ボードの前で行うのがよいでしょう．ツールを使うときには，何も書かれていないホワイトボードが必要になるので，ホワイトボードも職場チームごとに用意できるとよいでしょう．活動ボードの裏側を活用することもできます．

TK 活動そのものも改善しなければなりません．そのためには，活動状況の見える化が必要で，その見える化のためのツールがこの活動ボードです．社内のことを全く知らない人が見ても，すぐに活動状況が分かるようになっていれば，見える化ができていると判断できます．この見える化などにより，もし，まずい点が分かれば，よりよい TK 活動となるように，いろいろ仕掛けを変えていく必要があります．自社に合った活動とするために，どんどん変えていけばよいのです．最初は，なかなか簡単にはいきません．ある程度の試行錯誤が必要となりますが，いずれ良い方法に落ち着きます．

第7章　人づくりで大切なこと

◎人づくりで大切なこと

　人づくりのためのTK活動には，まず経営者がその気になって，何としてもやり遂げるという覚悟が必要です．しかし，経営者だけが意気込んでも，周りがついてこなかったら全く効果がありません．管理者，従業員の方も，しっかり目的を理解して，絶対やるぞという強い気持ちが必要です．

◎経営者に聞いて欲しいこと

　経営者のあなたは，本当にやる気になっていますか？　自分が怠けているのを棚に上げて，社員だけに努力を強いていませんか？自分の机の周りですら整理・整頓ができていないのに，社員に整理・整頓をしろと言っても，誰も聞いてはくれません．自分自身がやらなければ，誰もついては来ません．会社のマネジメントがうまくいかないことを社員の能力がないせいにしてはいけません．それは，あなたもしくは先代，先々代（あなたのお父さんやお祖父さんかも知れない）が，そのような社員に育ててしまったからです．でも，落ち込まないでください．どこでも最初はそうですから．これから変えていけばよいのです．

　魚は頭から腐ると言われています．会社でも同じです．経営者がまともでなければ，会社はまともにはなりません．会社がおかしくなるのは，経営者からおかしくなっているのです．ですから，経営者たる人は，自分を律することができなければなりません．自分すら律することができないのに，人を律することはできません．よく

よく覚悟して，経営に望んでください．従業員は皆よく見ています．経営者だからといってさぼっていれば，すぐ分かります．

　経営者も勉強をしなければなりません．従業員よりも何倍もの勉強が必要です．本屋に行けば，経営に関する本がたくさん出ています．すべての本が良い本だとは思いませんが，それなりの人が長い人生の間に経験して来たことや考え方を，たった数時間で学べるのは，本当にありがたいことです．

　従業員の人たちと積極的にコミュニケーションをとらなければだめです．ある会社の社長は，お酒が一滴も飲めないのに社員とよく飲み会をしています．それくらいコミュニケーションは大切です．最近の若者は，飲み会に誘っても来ないと言われますが，そんなことはありません．一緒に飲んで本音のコミュニケーションをとりましょう．もちろん，飲み会だけではありません．会社の中でも，ちょっとした時間にいろいろな人に話を聞くぐらいのことはできます．あいさつをきちんとするだけでも，従業員のみなさんの顔色や調子が分かります．

　TK活動は，人づくりの活動です．人づくりの対象は社員だけではありません．経営者のあなた自身が，きちんとした人，きちんとした経営者になることが，まず人づくり活動の第一歩です．あなたが変わらなければ，この活動はきっと成功しないでしょう．

◉ 管理者の皆さんに聞いて欲しいこと

　管理者のあなたは，今頃になって急に"管理をしろ"と言われてさぞ困っていることでしょう．でも，管理者（つまり係長とか課長

とか長が付いている人）の仕事は，管理することなのです（もちろん＋改善があります）．だから，"管理"をしてください．管理ができなければ，管理者をやってはいけません．

　管理者の仕事は，"管理＋改善"なのですが，"作業"をやってしまう管理者が実に多いのです．頭を使わずにできる作業は，実は楽なのです．人間は，脳が消費するエネルギーの方が筋肉で消費するエネルギーよりも多いそうです．つまり考えるということはとても大変で骨が折れるということなのです．だから，大事な"管理"の仕事を放っておいて，目の前の"作業"をしてしまうのです．筆者の経験では，どこの会社でもこの現象が見られます．だから，本当は，管理者には作業をやらせてはいけないのです．

　もしあなたが，"自分は管理者には向かない"と本気で思っているのであれば，それは経営者にきちんと伝えなければなりません．もちろん肩書きはなくなります．そうしないとあなたも会社も不幸になってしまいます．でも，少しでも管理者として，管理の仕事がしたいというのであれば，がんばりましょう．管理の仕事は大変かも知れませんが，うまく行くと面白いのです．自分一人の力ではできないことをあなたは部下をうまく活用して，大きな仕事にチャレンジできるのです．すばらしいではないですか．管理者の仕事は，"管理＋改善"ということをずっと言ってきましたが，管理の仕事がうまく行って，さらに改善を重ねていけば，あなた自身とあなたの部下も成長します．これに喜びを感じられるようになれば，仕事が面白くて仕方ありません．そうなれば，あなたの人生はもっと豊かになります．

　TK活動を通じて，どうか管理者らしい管理者になってください．

あなたも一歩ずつ成長しなければなりません．そして，あなたは，あなたの部下を育てなければなりません．人は教える人以上には育たないものです．ですからあなた自身が成長する必要があるのです．

◉ 従業員の皆さんに聞いて欲しいこと

　本書は，経営者及び管理者を対象としていますが，一般従業員の方も読む機会があると思います．従業員の方へもメッセージを送りたいと思います．

　上司や会社が何もしてくれないと文句ばかり言う人がいます．上司や会社があなたに何をしてくれるのかを考えるのではなく，あなたが上司や会社に何ができるのかをまず考えてください．何ができますか？　本当はまだ修行の身ではないですか？　一人前になって会社に貢献していなければ，何も文句は言えません．また，少しばかり貢献しているからといって，尊大な態度を取っている人もよく見かけます（もちろん管理者も例外ではありません）．会社はチームだということを忘れています．そして，仕事はチームプレーなのです．自分のやりたいようにやりたいのであれば，どうぞ独立してください．会社に所属して安定した生活を手に入れているにもかかわらず，俺がいなければ会社は回っていかないなんて偉そうにして，経営者や管理者の言うことなんて聞かないというような態度はやめてください．あなたが仕事で成果を上げているのは，会社の看板があるからだということを認識するべきです．

　どこの会社でも見かけますが，何でもお膳立てをしなければ動かない人が多いのには驚かされます．あなたは，お金をもらっている以上，プロフェッショナルなのですから，仕事の成果が上がるよう

7. 人づくりで大切なこと

に自ら努力しなければならないのです．甘えていてはいけません．なんでも文句を言う人，できない理由を並べる人，すぐ他人のせいにする人，こんな人がいっぱいいます．しかも，こういう人たちは，自分の努力不足を棚に上げて，言い訳に天才的な能力を発揮します．本当にたちの悪い人たちです．くれぐれもこのような人にならないようにしてください．

　朝同じ時間に会社に来て，夕方帰るという毎日を，ただ漠然と過ごしていませんか？　漠然としているのではなく，よく考えて行動し，今よりももっと良くなるように努力しなければなりません．そのためには，就業時間だけでなく，休日も努力が必要です．おそらくほとんどの会社が毎週ではないにしろ週休2日になっていると思います．2日休みがあったら，1日は休んでも2日も休んではいけません．1日は勉強です．あなたが，今携わっている仕事に関することについて勉強しましょう．本屋に行けば，いっぱいそのネタはあります．図書館ならタダで見ることができます．あなたが，プラスチック成形の仕事をしているのであれば，プラスチック材料や成形加工に関する本を読みましょう．探せばたくさんあります．金属加工ならば，金属材料や鋳造，鍛造，切削加工，熱処理の知識が必要です．最近では本だけでなく，インターネットからでもかなりの情報が得られます．こういう努力があなたをプロフェッショナルにするのです．その道を極めれば，おそらくどこの会社に行っても通用するでしょう．あるいは，あなたの噂を聞きつけてスカウトされるかも知れません．それぐらいになって欲しいものです．

　TK活動を通じて，あなた自身成長してください．仕事（"作業＋改善"）が楽しくできるようになれば，人生はもっと楽しくなりま

す．答えを急がず，じっくり一歩でもよいから前に進んでください．いやになるときもあるかも知れませんが，そこはぐっとがまんして，前に進んでください．とにかく苦しみながらでも，進めていけば，道は開けます．それが，あなた自身の幸せにつながるのです．

◎最　後　に

　どんな金持ちでもどんな貧乏人でも，平等に与えられたものがあります．それは，"時間"です．人生はたった一度きり，平等に与えられた時間をいかに有意義に過ごすかで，人生の幸福度が違ってきます．普通の人であれば，40年間は働かなければなりません．どうせ，働かなければならないのなら，楽しんで働かなければ，人生損です．最初は，むりやりでもよいから仕事を楽しみましょう．楽しいところを見いだすのです．本書で紹介したTK活動も，だまされたと思って楽しんでやってください．ひとつ成果が出ると，楽しくなり，さらなる成果と達成感を求めるようになります．そうすれば，仕事はもっと楽しくなります．

　充実した仕事があってこそ，余暇や趣味が活きてきます．趣味がすべてというのは，つまらない人生です．しかし，やりがいがあるからといって仕事ばかりしていると，どうしても煮詰まってしまいます．そういうときは，リフレッシュが必要です．経営者にしても管理者にしても成果を上げている人は，リフレッシュが上手です．

　どうか，あなたの人生をさらに豊かにするために，TK活動に積極的に取り組んでみてください．そして，仕事を楽しんでください．みなさんがすばらしい人生を歩まれることを切に願っています．

第8章　TK活動事例集

◎事例紹介

　TK活動を実践している会社の事例（主に小改善事例）を紹介します．今回は，3社の事例を紹介しますが，3社とも経営者のリーダーシップのもと，熱心にTK活動に取り組まれています．事例では，使用された活動シートをほぼそのまま掲載していますが，機密に関わることや，様式の違いを修整しています（A4タテでまとめられていたシートをA4ヨコに変更など）．

　活動シートを提供いただいた3社をご紹介します（50音順）．TK活動を推し進め，小さくても強い会社にさらに磨きをかけています．

　　株式会社岐阜多田精機　（URL:http://www.tada.co.jp）
　　　所在地　岐阜県岐阜市東改田字鶴田93番地
　　　業　種　精密金型の設計・製造（高精度・高品質が特徴）
　　　社員数　約100名

　　東海金属工業株式会社（製造部門）
　　株式会社ノーリツイス（販売部門）（URL: http://www.noritsuisu.co.jp）
　　　所在地　愛知県弥富市子宝三丁目67番地
　　　業　種　鋼製家具の設計・製造（スピーディーな開発・一貫生産に強み）
　　　社員数　約100名

　　株式会社マーゼンプロダクツ　（URL: http://www.merzen.jp）
　　　所在地　愛知県日進市藤枝町小山645
　　　業　種　安全ピン，クリップ等の設計・製造（新製品開発に強み）
　　　社員数　約100名

▶ 事例 1

TK 活動報告				点数	
テーマ	最後に帰る人はダレ？	チーム	営業		
		メンバー	佐伯・小川・栗原・中野・平林		
問題点	1日の仕事も終わり、さて今日は帰るかと思ったとき、ふと、誰かほかにいるのかなぁと思ったことはありませんか？　施錠していいのか、ダメなのか迷ってしまいます．	改善内容	タイムカードラックを2つ用意し"出社"・"退社"と分けることで社内にまだ人が残っているかどうか分かるようにした．またカードの位置をグループ別に並べ替え、残っている人がどの部署か分かりやすいようにした．		
打刻後，元の位置に戻すので，社内にいる・いないが分からない			"出社"のラックにタイムカードがあれば社内にいることが分かる		

提供：(株)岐阜多田精機

▷ 解　説

　最後に帰る人が分からないと電灯を消したり，鍵を締めたりするのに困ります．この事例は，困ったことを改善に結びつけた良い事例です．ちょっと工夫をするだけで，出社しているのか退社しているのかが一目で分かるようになりました．この一目で分かるようにするというのも改善のポイントです．よく見ないと分からないとか，よく考えないと分からないようでは，だめです．見えるようにすることを"見える化"と言いますが，見えることによって，現状や問題が分かるようになり，すぐ対応できるようになります．だから，まず見えるようにする"見える化"が改善にとって大切なのです．

　また，この改善により欠勤した人がすぐに分かるため，勤務管理が大変やりやすくなりました．

▶ 事例 2

TK 活動報告						点数	
テーマ	製品図ファイル持ち出し管理	チーム	設計-B				
		メンバー	木下・安倍・川島・和田・芝・河合・高橋				
問題点	・誰が製品図ファイルを持ち出しているか分からない． ・誰かが持ち出しているか，それとも並び順を間違えているかも分からないため，探す時間がかかる．	改善内容	持ち出しているのが誰かすぐに分かるようにして，探す手間をなくす．				

製品図面や仕様書をとじた製品図ファイルを設計室で型番号別に保管しているが，修正・設変のときや類似型の参考にするためなどに不特定多数の人が持ち出すため，設計・営業のメンバー全員分の棚になかったときに聞いて回って探さなければならなかった．

誰が使用中か分からないため，一人一人の机を見て回ったり，また，入れ間違いをしていないかどうかを探しているため時間がかかる．

設計・営業のメンバー全員分の名前入りファイルを作り，持ち出すときは，代わりに入れておくことにより，誰が持ち出しているか分かるようにした．

（設計…赤色　営業…緑色）

どこから持ち出したかも色の違いですぐに分かるため，戻すときに並び順を間違えるのを防ぐことも期待できる．

提供：(株)岐阜多田精機

▷ 解　説

　図面などのファイルを共通で使っていると，いくら整理・整頓され何をどこに置くかが定められていても，誰かが持ち出してしまうと，誰が持ち出したのか，どこにあるのかが分からなくなってしまうことがあります．そうすると探さなければなりません．探している間は，仕事が止まってしまいますし，探していること自体は，何も価値を生みません．この事例のように図書館方式にして持ち出した人が分かるようにしておけば，誰が使っているのか，すぐに分かります．

　一生懸命探していると，一生懸命働いている気になってしまいますが，それは大間違いです．もし，日常業務の中で，何かを探しているようなことがあれば，それは改善すべきテーマになります．

▶ 事例3

TK活動報告			
テーマ	ピンゲージケースの行き先が分かるようにする	チーム	EDM・WEDM-A
		メンバー	佐藤・福田・山岸・長谷川・金・仙石・田中
問題点	所定の位置にないピンゲージを探すのに意外と時間がかかってしまう．最近置き方が雑になっていて見た目がよくない．	改善内容	行き先の部署のカードを置くことによって探す時間の短縮になる．棚の奥にストッパーをつけて箱の位置が揃うようにした．

改善前　　　　改善後

提供：(株)岐阜多田精機

▷ 解　説

　計測器やゲージなどを共通して使うケースは多く，得てして持っていった後，使い放しということが多いものです．そうなると，誰が持っていったのか分からないので，工場中を探し回ることになります．これも探すムダです．

　この事例では，誰（どこの部署）が持ち出したのかが分かるようになりました．もちろん使った後にはすぐ返すというのが前提です．さらに改善を加えるとすれば，いつ頃返却するのかまで分かるとよいでしょう．そうすれば，作業の段取りを変えるなどの工夫により，待ち時間をなくせます．待ち時間こそ全くのムダです．

　日常の作業の中で，待ち時間はないでしょうか？　待ち時間をなくすのも改善テーマになります．

▶ 事例 4

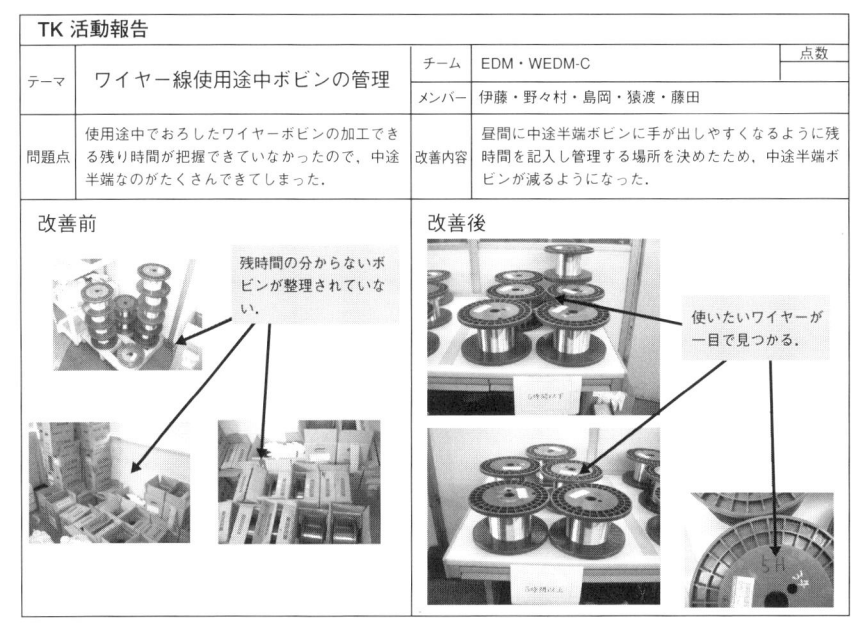

TK 活動報告					
テーマ	ワイヤー線使用途中ボビンの管理	チーム	EDM・WEDM-C		点数
		メンバー	伊藤・野々村・島岡・猿渡・藤田		
問題点	使用途中でおろしたワイヤーボビンの加工できる残り時間が把握できていなかったので、中途半端なのがたくさんできてしまった。	改善内容	昼間に中途半端ボビンに手が出しやすくなるように残り時間を記入し管理する場所を決めたため、中途半端ボビンが減るようになった。		

改善前

残時間の分からないボビンが整理されていない。

改善後

使いたいワイヤーが一目で見つかる。

提供：(株)岐阜多田精機

▷ 解　説

　ワイヤーカットに使用されるワイヤーボビンにかかわる改善事例です．夜間に稼働させるため途中で終わらないようにできるだけ残り時間の長いボビンを使用するようにしていますが，新品や見た目に明らかなものを除いて，残り時間が分からない状態でした．しかし，残り時間を記載しておくという，ひと手間をかけることによって，残り時間が分かるようになりました．これによってワイヤーがムダなく使えるようになります．この例のように，ほんのちょっとした手間をかけることによって材料，部品などの節約になります．これで，在庫減，場所の節約，ボビンのムダのない利用が促進されます．このように次に使う人の立場になって，ものごとを考えられるようになると，全体の効率がアップするようになります．

▶ 事例 5

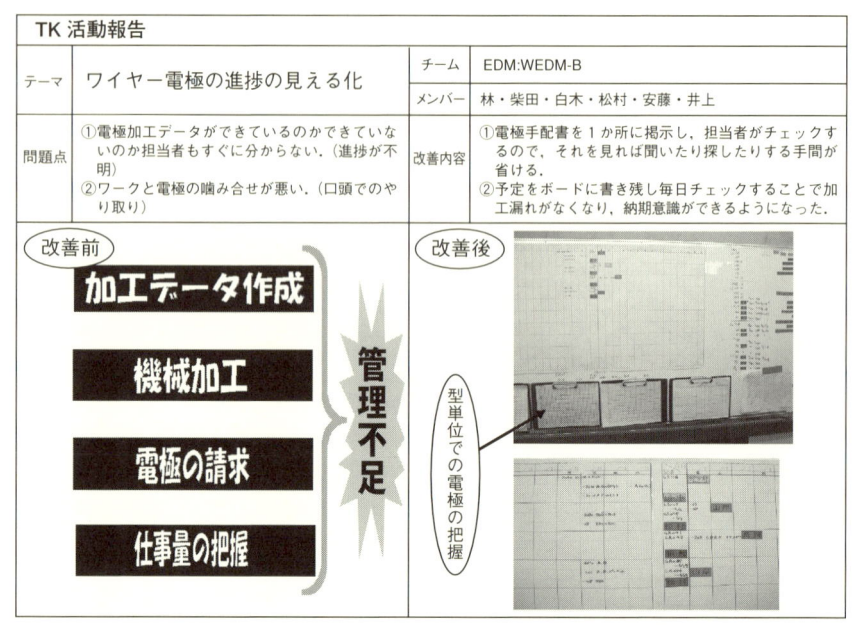

TK 活動報告			
テーマ	ワイヤー電極の進捗の見える化	チーム	EDM:WEDM-B
		メンバー	林・柴田・白木・松村・安藤・井上
問題点	①電極加工データができているのかできていないのか担当者もすぐに分からない。（進捗が不明） ②ワークと電極の噛み合せが悪い。（口頭でのやり取り）	改善内容	①電極手配書を1か所に掲示し、担当者がチェックするので、それを見れば聞いたり探したりする手間が省ける。 ②予定をボードに書き残し毎日チェックすることで加工漏れがなくなり、納期意識ができるようになった。

改善前: 加工データ作成 / 機械加工 / 電極の請求 / 仕事量の把握 → 管理不足

改善後: 型単位での電極の把握

提供：(株)岐阜多田精機

▷ 解　説

　加工の進捗が見えるようにするための改善です．設計，生産，加工などの仕事をきちんと計画し，そのとおり実施されているかを確認することによって進捗管理ができます．しかし，なかなかそれができていないのが現状です．今日は何をいくつ加工しなければならないのかを明確に，しかも見えるようになっていなければ，納期は守れませんし，何よりも効率が落ちます．とにかく，がんばってやりなさいというのでは，うまく行きません．

　1日の作業を終えたときに，今日は計画どおりにできたとか，できなかったとかが分かるように，見えるようになっていなければなりません．そのためには，精度よく計画を立てることが前提ですので，適切に計画を立てられるような仕組みづくりも必要です．

▶ 事例6

TK 活動報告					
テーマ	OKK フライス切粉飛散防止カバーの改善	チーム	前加工-B	点数	
		メンバー	中島・大平・山口・西垣・星崎・清水(直)・竹林・清水		
問題点	従来からのカバーの固定方法が，クリップにて固定する方法のため，作業性が悪く，また，うまく固定できず使いづらかった．切粉も隙間から漏れていた．	改善内容	カバー本体にサンを設け，そこにカバーを挿入する方法に改善した．カバー取付けの作業性がよくなり，切粉の飛散も減った．		

提供：(株)岐阜多田精機

▷ 解　説

　この事例も普段見過ごしていたことを取り上げた事例です．このように日常作業の中で，"やりづらいなあ" とか，"何とかしないとなあ" とか思っていることが結構あると思います．そういうことをテーマに取り上げることが大切です．

　この事例は，ただ単にカバーを付けただけの改善に思えますが，切粉の飛散が減ったことにより清掃をする時間が短縮できたという改善です．活動シートにそこまで記載されていると，よりアピールできます．また，機械・設備を汚いまま使用している例をよく見かけますが，汚い機械で良い製品はできません．大切な機械をきれいにし，きちんと整備しておくようにしましょう．

▶ 事例 7

TK 活動報告			
テーマ	工具棚の整理・整頓	チーム	MC班-B
		メンバー	奥田・荒深・河井・高橋（福）・岡崎
問題点	・標準以外の工具の種類も定数も確定していなかった． ・棚の使い方にムダがあった．	改善内容	・棚のスペースを有効に活用するようにした． ・標準工具，準標準工具が見て分かるようにした． ・工具の定数を見直し，表記した． ・工具の発注書を作り直した． ・棚を色分けし，工具の管理を分かりやすくした．

赤：入れ駒班標準工具／緑：入れ駒班準標準工具／青：ベース班標準工具

発注書を工具の種類ごとに分類した．
ボールエンドミルとフラットエンドミルを分類した．

提供：(株)岐阜多田精機

▷ 解　説

　工具の整理・整頓に加え，在庫数を定めました．整頓するときには，置く位置を定め，何を置くかを定めるとともに，いくつ置くかを定めることが大切です．これを定位・定品・定量の"3定"と言います．この事例では，定量まで行い工具在庫数を減らすことができました．また，標準工具を設定し，加工の標準化と工具種類・在庫数の低減を可能にしました．

　工具，部品，副資材などは，"3定"をきちんと行えば，かなりの改善効果が期待できます．整理・整頓と言っても，あなどってはいけません．整理・整頓によって，80％の改善が達成できます．残りの20％のさらに80％は，小改善のテーマです．すなわち，改善の96％は小改善テーマで達成可能であると言えます．

8. TK活動事例集

▶ **事例 8**

TK活動報告			
テーマ	図面（新型，設変，ベース）の整理・整頓と管理	チーム	MC班-B
		メンバー	奥田・荒深・河井・白崎・高橋（福）・岡崎・須田
問題点	設計から出てきた図面を棚に整理する前に，新型，設変，差し換え，ベースの種類に関係なく1か所に積み上げられていたため，整理しづらかった．	改善内容	新型，設変，差し換え，ベースと置き場所を4か所作り，図面の整理，差し換えがスムースに行われるようになった．

提供：(株)岐阜多田精機

▷ **解　説**

　図面の扱いは乱雑になりがちです．仕事の内容により，図面を置く位置を定めました．これで，図面が埋もれていたことにより，気付かず遅れてしまうことを防げます．また，どの仕事がどれくらい残っているのかが，一目で分かるようになりました．

　ちょっとしたことなのですが，仕事をスムースに進めるために大切なことです．この事例のように，仕事の流れをスムースにすること，誰でも分かるようにすることは改善のテーマになります．日頃の業務の中で，そのようなことはありませんか？"どうも，仕事がうまく流れていないなあ"とか，"これから何をどれだけやるのか分かんないなあ"ということを感じることが大切です．それらは立派な改善テーマになります．

▶ 事例 9

MRP 活動シート				
テーマ名	第四組立班通路改善	チーム名	テーブル	リーダー 那須
^	^	チームメンバー	後藤・平山・伊藤・寺村	
問題点	第四組立班の作業場は，通路を引いてないため，部材や台車などで動線を塞がれ，人や台車などが通れないことがあった。安全衛生委員会などでも指摘され，通路と作業場が明確になっていない。 || 改善効果	通路の社内標準に従い，テーブル組立のメンバーで通路を引いた。これにより通路と作業場が区別され動線を塞がれることがなくなった。	
改善前			改善後	

テーブル西側出入り口前

テーブル西側出入り口前

提供：東海金属工業(株)／(株)ノーリツイス

▷ 解　説

　通路に物が置いてあると，通りづらいし，ぶつかったりすると危険です。そのためには，しっかりとラインを引かなければなりません。ラインを引くのには，ラインテープを使う場合と，ペンキを塗る場合がありますが，レイアウト変更が頻繁にある場合などには，ラインテープがよいでしょう。油などでテープがはがれてしまうおそれがある場合は，ペンキがよいでしょう。いずれにせよ，この事例のように，自分たちで引かなければなりません。自分たちで引いたラインは守るものです。チーム全員でラインを引きましょう。

　ラインの色や太さは，会社で取り決めればよいでしょう。一般的には，通路は黄色，置場表示は白，フォークリフトが通る場合は，幅 100 mm，それ以外は 50 mm としています。

8. TK活動事例集

▶ **事例 10**

MRP 活動シート						
テーマ名	テーブル組立（旧9棟）工具 整理・整頓		チーム名	第4組立班テーブル	リーダー	那須邦彦
^	^		チームメンバー	後藤(和)・平山・伊藤(千)・寺村		
問題点	工具が整理されておらず，不要な工具もあり，必要な工具がすぐに取り出せない．紛失しても分からない．		改善効果	不要な工具を整理して衝立に工具を吊り下げ，工具名の表示と形跡管理をした．これにより必要な工具がすぐに取り出せ，使用中の工具も一目で分かるようになった．		
改善前			改善後			

提供：東海金属工業(株)／(株)ノーリツイス

▶ **解 説**

　工具もバラバラになりがちです．バラバラな状態から必要な工具を探すのでは，時間がかかってしまいます．どこに何があるかが，一目で分かるようになっていなければなりません．そのためには，この事例のように"形跡管理"と言って，置くべき物の形をあらかじめ書いておくことがあります．こうすれば，戻すときも分かりやすいですし，何がないのかも一目瞭然です．ただし，このとき気を付けなければならないのは，整理をきちんとしてからでなければ，余分な物まで置いてしまうことになります．今ある工具をすべて対象とせず，必要なものを選択すべきでしょう．また，形で分かりづらいものは，工具名の表示が必要ですし，場合によっては写真を貼り付けておくという方法もあります．

▶ **事例 11**

	MRP 活動シート				
テーマ名	掃除用具整理・整頓	チーム名	リフト	リーダー	伊藤
		チームメンバー	徳留・桑野		
問題点	・掃除用具の置場が決まっていない． ・ホウキを床に置くとすぐに傷む． ・紛失する．	改善効果	・清潔感が出て，見栄えが良くなった． ・必要なときに必要なものを取り出せるようになった． ・管理ができ，紛失することがなくなった．		

改善前 | 改善後

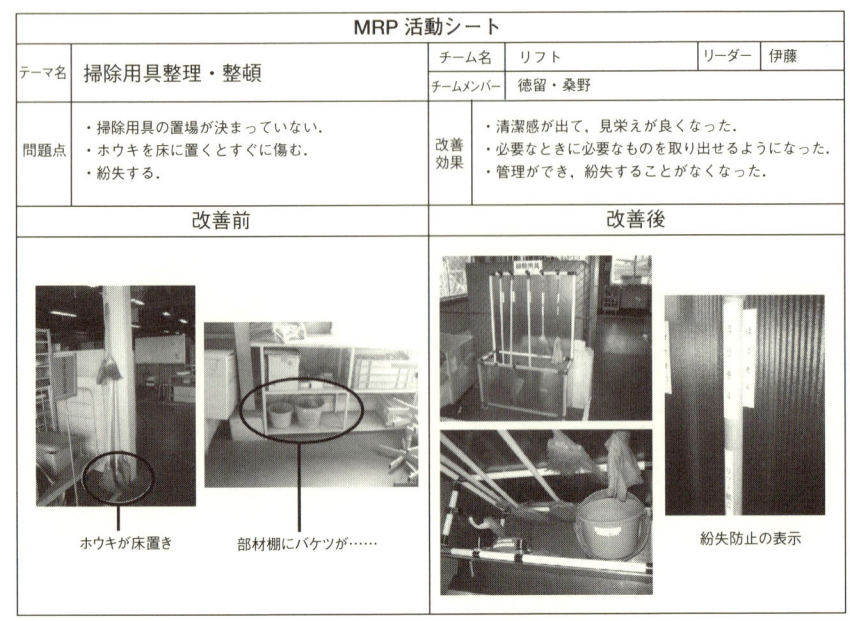

ホウキが床置き　部材棚にバケツが……　　紛失防止の表示

提供：東海金属工業(株)／(株)ノーリツイス

▷ **解　説**

　掃除道具置場が乱雑になっている会社をかなり見かけます．どんなに工場内をきれいにしていても，掃除道具が乱雑になっていては，整理・整頓の徹底と継続はできません．それに見た目も汚いです．どこに何を置くのかをきちんと決めることは，整頓そのものです．この事例では，自分たちでパイプを組み合わせ，プラスチックボードを貼り合わせて作製しています．このように売っているものを単に買ってくるのではなく，自分たちで作ることは費用だけでなく，達成感としても大変良いことです．できるだけ，自分たちで作るようにしましょう．会社に行って，その会社がきちんとしているかどうかは，傘立て，トイレ，ゴミ箱，掃除道具置場を見れば，だいたい分かります．あなたの会社はどうでしょうか．

▶ 事例 12

	MRP 活動シート				
テーマ名	ゴミ箱改善	チーム名	リフト	リーダー	伊藤章
		チームメンバー	徳留・桑野		
問題点	①外観がよくない． ②表示がないため，分別するときに間違えて入れることがある．	改善効果	イレクターパイプを使用して，ゴミ収納箱を作成し分別表示した．これにより間違いなく分別できるようになり，外観もよくなった．また，キャスター付のため台車に積み替えることなく，そのままゴミ収集場に捨てに行ける．		
改善前			改善後		

提供：東海金属工業(株)／(株)ノーリツイス

▷ 解　説

　これも地味ですが，大切な改善です．どこにゴミを捨ててよいのかを探すほんの少しの時間もムダになります．きれいに表示しておけば，迷わず捨てることができて間違いやムダがありませんし，見た目にもきれいです．また，廃棄物管理も適正にでき環境にもよいです．

　この事例でも，自分たちでゴミ箱を作製しており，キャスターも取り付けています．このようにキャスターを付ければ，積み替えの必要がなく，積み替える時間のムダが省けます．探す時間や積み替えの時間は全くムダになります．探したり，積み替えたりする時間をなくすことを常に気にしていれば，改善テーマがたくさん出てきます．

▶事例13

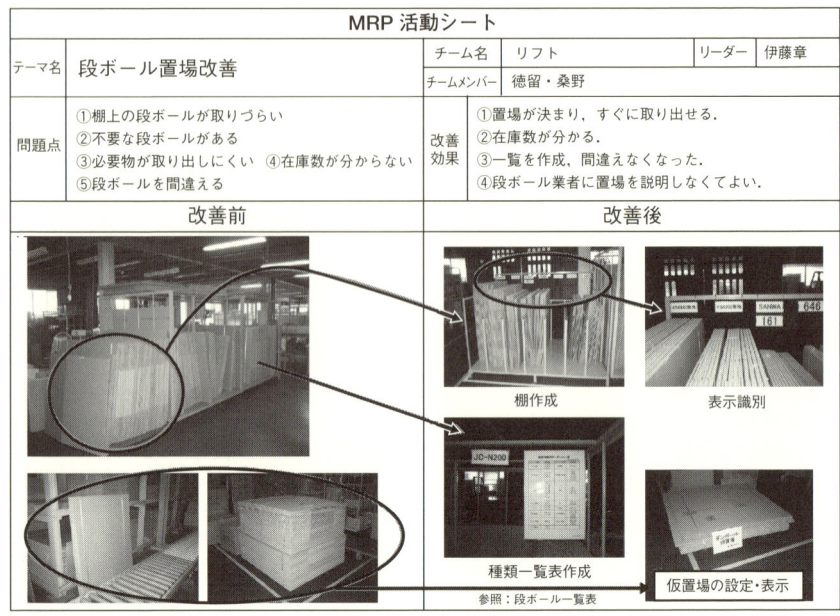

テーマ名	段ボール置場改善	チーム名	リフト	リーダー	伊藤章
		チームメンバー	徳留・桑野		

MRP 活動シート

問題点	①棚上の段ボールが取りづらい ②不要な段ボールがある ③必要物が取り出しにくい ④在庫数が分からない ⑤段ボールを間違える	改善効果	①置場が決まり，すぐに取り出せる． ②在庫数が分かる． ③一覧を作成，間違えなくなった． ④段ボール業者に置場を説明しなくてよい．

改善前 / **改善後**

棚作成　表示識別　種類一覧表作成　仮置場の設定・表示
参照：段ボール一覧表

提供：東海金属工業(株)／(株)ノーリツイス

▷解　説

　部品や段ボールなどの副資材の置場は乱れがちになります．しかも，整理・整頓ができていないと余分な在庫を持ちがちになります．この事例のように，置く位置を定めて，何を置くかを定めて，どれくらい置くかを定めることが大切です．これを定位・定品・定量の"3定"と言います．"定位"，"定品"まではできても，"定量"までできていない例がよくあるので気を付けましょう．

　このように識別が明確になっていれば，納入業者にここまで段ボールを運び入れてもらえます．納品後，一旦在庫して，そこから持ってくるのでは，積み込みや運搬のムダが生じます．運搬は，それ自体では製品に価値を与えているわけではないので，できるだけ少なくすることが大切です．

8. TK 活動事例集

▶ **事例 14**

MRP 活動シート					
テーマ名	樹脂部品置場改善	チーム名	衝立	リーダー	児島
		チームメンバー	浅井（誠）・横井（千）・藤田		
問題点	樹脂部品の置場に表示がないため置場が固定されていない．また置場所も点在している．	改善効果	樹脂部品がのる棚に部材を置き，表示をして置場を固定し整頓した．表示には，写真と漢字にフリガナ付きで部品名・製品名を明記し，製品ごとに色分けした．			
改善前			改善後		

提供：東海金属工業（株）／（株）ノーリツイス

▷ **解　説**

　識別表示を写真入りにした事例です．製品や部品点数が多いと製品名，部品名だけではどのようなものなのか覚え切れません．間違っていても気が付かないおそれもあります．しかし，この事例のように写真入りであれば，一目ですぐ分かります．写真やイラストですぐ分かるようにするのも間違いを防ぐ良い方法です．

　デジタルカメラで撮れば簡単に作成できるので，部品点数が多く紛らわしい場合には，部品棚の表示には写真を使うとよいでしょう．こうすれば，新人が入ってきてもすぐに覚えられます．今まで部品名と形状を覚えるのに何年もかかりましたが，もうその必要はありません．この写真を見れば，間違っているのかいないのかが一瞬で分かるようになりました．

▶ 事例 15

	MRP 活動シート				
テーマ名	設備異常発生時のルールと表示作成	チーム名	プレス工程	リーダー	佐野　寺村
		チームメンバー	内田・村木・水野・山田(金)・鈴木(敏)・江場		
問題点	プレス工程は設備が多数あり，複数の人が各設備を使用して加工しているが，故障など設備異常発生時のルールや表示がなく，修理中に気付かず使用してケガや故障をひどくしてしまう危険があった．	改善効果	設備異常発生時のルール（別紙：設備異常時の対処）を決め，表示を作成．これにより設備異常に他の作業者が気付かず使用して，ケガや故障をひどくしてしまうことがなくなる．		
	改善前		改善後		

提供：東海金属工業(株)／(株)ノーリツイス

▷ 解　説

　設備の状態の"見える化"です．"修理中"の札と"点検中"の札を作成し，この札を設備に掛けることにより誰でもすぐに分かるようにした事例です．複数の人が同じ設備を使用する場合に，修理中なのかどうかが分からないと，そのまま使用して，さらに故障をひどくしてしまいますし，何よりも非定常な動きをしてケガをしてしまうおそれもあります．"修理中"，"点検中"の札により設備の状態が分かれば，設備が止まっていた場合に，なぜ止まっているのかがすぐに分かります．ただ単に稼働していないのであれば，稼働率を上げるような生産計画にしなければなりません．"修理中"であれば，早く修理しなければなりませんし，故障しないように予防保全を考えていかなければなりません．

8. TK活動事例集

▶ 事例 16

MRP 活動シート			
テーマ名	張り込み機のフットスイッチ改良による針金切れ工程ロスの削減	チーム名	OA組立班
		リーダー	松岡
		チームメンバー	松岡・木村・飯田
問題点	今まではフットペダルスイッチの操作が針金を締める・止まるをペダルを踏み変えて行っていたため，操作がデリケートで締めすぎると針金が切れて，もう一度針金を抜いて入れ直す工程のロスがあった．	改善効果	フットペダルの下にコイルバネを付けることにより，工程のロスが削減され，張りの強さのばらつきも少なくなった．

改善前

針金が切れる
○台作るのに○個

締める　止まる

針金をはずして，入れ直しする時間がもったいない!!

改善後

フットスイッチの締めるを押すと，針金が締まり，足をペダルから離すとコイルバネの力でペダルがあがり止まる．針金が締まってきたら，ちょんちょんとペダルを踏んで微調節が簡単にできるようになった！

対策
フットスイッチの締めるの下にコイルバネを取り付けた．

効果1　○台作るのに○個針金が切れていた → ○台作るのに○個しか切れなくなった

効果2　張りの硬さ（針金絞りの強さ）のばらつきが少なくなった

提供：東海金属工業(株)／(株)ノーリツイス

▷ 解　説

　技術的な改善です．このように日頃から行っている作業の中で感じていたムダややりにくさをテーマにすることは大変良いことです．不良品を作るということは，大きなムダになります．材料も製作にかかった工数もムダになってしまいます．改善活動では，不良を減らすというのも重要なテーマになります．簡単には解決しない場合が多いので苦労しますが，ぜひチャレンジしていただきたいと思います．具体的に何をしてよいのか分からないような難しいテーマは，中改善の6ストーリーに従って進める必要があります．

　この事例では，品質的にも"ばらつき"がなくなったようです．ほんの少しの工夫で，不良のムダが減り，品質も安定したというすばらしい改善事例です．

▶ 事例17

MRP 活動シート					
テーマ名	脚先キャップ打ち込み後の バリ取り作業改善	チーム名	PG	リーダー	中山浩治
		チームメンバー	森靖美・浅田ひろこ・石原彩子・安田克己		
問題点	脚フレームパイプに脚先キャップを打ち込んでいるが、パイプ端末部内側の角で樹脂が削れてバリが出るため、カッターナイフで全数バリ取り作業をしているムダがある。	改善効果	パイプ内側を面取り（約1mm）してから、樹脂キャップを打ち込んだところバリも出ず、キャップもしっかり入って抜けないことを確認した。今後、パイプ業者で内径面取りをしてもらうよう手配中。これによりバリ取りのムダな時間がなくなる。（動画あり）			
改善前			改善後		

提供：東海金属工業（株）／（株）ノーリツイス

▷ **解　説**

　これも技術的な改善です．バリ取り作業は，製品に価値を付加する作業ではなく，やりたくないムダな作業です．バリ取りなどの修正作業は，なくす努力をしなければなりません．もし，このような修正作業があれば，良い改善テーマになります．バリ取り，キズ直し，外観修正など後付けで行われている工程は，本来ムダなのですが定常的にやっていると，これが本来の仕事のように錯覚してムダであることを忘れてしまいます．

　この事例では，パイプ内の面取りをすることにより，バリ取り作業を省くことができました．パイプ内の面取りという作業が残りましたが，面取りされたパイプが購入できれば最高です．材料の購入コストとの関係で購買先と交渉する必要があるようです．

8. TK活動事例集

▶ 事例18

テーマ名	サンプル試作作業台の整理・整頓	部署・チーム名	第二企画開発G　Cチーム
		チームメンバー	小南・熊澤・前川・津田

問題点	改善効果
サンプルを試作するための作業台が乱雑になっており、スペースが狭く、必要な物もすぐ取り出せない状態であった。	・道具の置き場を決めたことで、工具がいつも同じ場所に置かれるようになった。 ・作業台のスペースを仕切ったことで、同時に2人で作業を行えるようになった。

改善前（できるだけ写真等を利用して分かりやすく）	改善後（できるだけ写真等を利用して分かりやすく）
・作業台に置く物の場所が決まっていない。 ・作業台の上にたくさん物が置かれている。 ・作業が終わってもそのままになっている。	・物の置き場を決めて、表示をする。 ・テープで区分けを行い、作業スペースを分ける。

提供：（株）マーゼンプロダクツ

▷ 解　説

　製造現場がよく整理・整頓されていても，開発部門や営業部門では整理・整頓が行き届いていないことが多いようです．特にこの事例のように机の上や引き出しの中が乱雑になっていることが多いのではないでしょうか．お役所や大学の研究室では，書類が机の上に山のように積まれていることがよくありますが，民間会社でそんなことを続けていたのでは，効率が悪くて他社との競争に勝てません．乱雑な机の上で品質の良い製品や質の高い仕事などできるはずがないのです．

　机の上には，基本的には何も置かないようにするとよいでしょう．置く場合でも，きちんと置き場を決めて表示をしてください．机の引き出しの中も同様です．形跡管理をすれば維持も簡単です．そうすることによって余分なものを置かなくなります．

▶ 事例 19

テーマ名	検査台の作成	部署・チーム名	第三製造G　Bチーム
		チームメンバー	近藤慎介・伊藤淳・坂田やよみ・宮川ゆかり・伊藤清美

問題点	改善効果
現在，検査員の人達に毎日検査をしてもらっているが，共通検査をするときなど結構体に負担のかかる体勢で検査をしてます．それに照明のない所での検査になるため見にくいという問題もあります．	腰をかがめる必要がないので腰が痛くなることもなくなりました．照明も付けることで明るい環境で検査ができるようになりました．

改善前（できるだけ写真等を利用して分かりやすく）	改善後（できるだけ写真等を利用して分かりやすく）
いすに座って腰をかがめた状態で検査をするため，何台分も検査をすると腰が痛くなります．照明は天井の蛍光灯です．	椅子に座るのではなく立って検査ができます．引き出し式のカゴ受けも付けて検査したものをそのままカゴに落とせます．電気スタンドも設置しました．

提供：(株)マーゼンプロダクツ

▷ **解　説**

　つらい姿勢での作業をがまんしていませんか？　つらい姿勢では，健康にも良くないですし効率も上がりません．楽に作業できる姿勢を取ることが大切です．一般的に座って作業をするよりも，立って作業をした方が効率は上がります．この事例では，照明にも配慮しています．薄暗いところで，目視検査をしているのを見かけますが，適切な照度にしなければ発見できるものも発見できません．できれば，会社で照度の基準を設定し，照度計により測定することが大切です．

　つらさや痛みに耐えることは決して美徳ではありません．この事例のように，"つらいなあ"と思ったときが改善のチャンスです．つらさ，痛さを解消するためのテーマを取り上げて，楽に効率的に仕事ができるように改善しましょう．

▶ 事例 20

テーマ名	段ボール発注方法の改善	部署・チーム名	生産管理課包装G
		チームメンバー	全員
問題点		改善効果	
現場スタッフがどのタイミングで発注をかけたらよいか分からなかった．また，発注後，入荷までの日数が分からないので不安を感じていた．		誰でも発注しなければならないタイミングが分かり，発注済みなのかどうか分かるようになった．また，ムダな在庫を防げるようになった．	

改善前（できるだけ写真等を利用して分かりやすく） ⇒ **改善後**（できるだけ写真等を利用して分かりやすく）

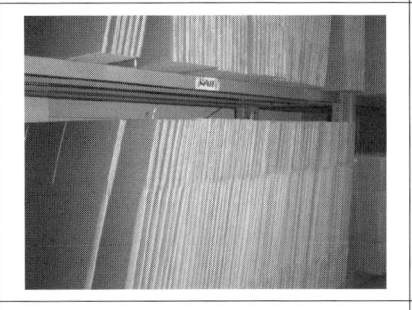

識別表示も分かりづらく，在庫が少なくなってきても誰がいつ発注すればよいのか分からない．	・インデックスカードに発注点，発注ロット，入荷までの日数の目安・発注先を表示した． ・「発注済」カードを用意し，見てすぐ分かるようにした．

提供：(株)マーゼンプロダクツ

▷ 解　説

　3定の"定量"までできた事例です．発注しなければならないタイミングである残数（発注点），発注する数量，納期をカードにして表示しています．発注点を切ったら発注依頼をかけますが，発注を依頼したのかどうかが後の人には分かりません．そこで，"発注済"カードにより，見えるようにしました．このように，3定まできちんとやり，在庫を切らさないように発注のことまで考慮して改善されたのは大変良いことです．ただし，発注点が残数を数えないと分からないのでは，面倒ですし，見過ごすおそれもあります．例えば，残数のところ（この事例では残り30枚のところ）に"発注依頼カード"などを置いておけば，いちいち数えなくても発注点が分かり，それを使って発注をかけるようにしておけば簡単な仕組みで運用できます．

▶ **事例 21**

テーマ名	試作時樹脂換え作業の改善	部署・チーム名	第一開発製造G
		チームメンバー	永田・熊谷

問題点	改善効果
量産中の成形機を使って，試作をするときには，そのつどホッパー全体の清掃をしなければならず時間がかかった．	・ホッパー内の清掃と樹脂の出し入れがなくなったため30分ほどの時間の余裕ができた． ・樹脂によっては高温乾燥のため取り扱い時の火傷の心配もなくなった．

改善前（できるだけ写真等を利用して分かりやすく）	改善後（できるだけ写真等を利用して分かりやすく）
①ホッパー内の掃除をする．②試作用の樹脂をホッパーに入れて試作を行う．③ホッパー内の掃除をする．④生産用の樹脂を入れる．⑤生産を再開する．	簡易ホッパーを作り，洗浄剤投入口から試作用樹脂を入れるようにした．

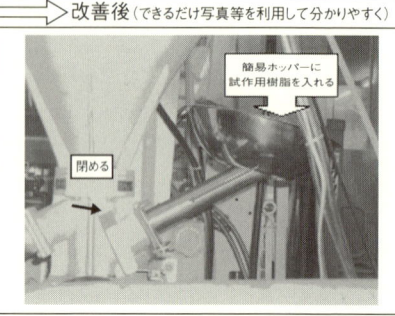

提供：(株)マーゼンプロダクツ

▷ **解 説**

　アイデアの勝利です．ホッパーとは成形機の上に付いている樹脂を入れておくタンクのことです．量産機を使って量産試作を行うときに，異なる樹脂を使用するため清掃をしなければなりません．試作前と後の2回の清掃が必要です．試作品については，特性をきちんと出すために，量産品については試作の影響を受けないために厳密な清掃をしなければならず，時間も多くかかりました．

　しかし，この事例のように試作用の簡易ホッパーを作製し，利用することによってホッパーの清掃は必要ではなくなりました．これは，大きな改善です．この作業を担当していた人は，"このばかばかしい作業はなんとかならないのか！"と思っていたそうです．このばかばかしい作業こそ改善のネタだったのです．皆さんの周りにある"ばかばかしい作業"を探してみましょう．

▶ 事例22

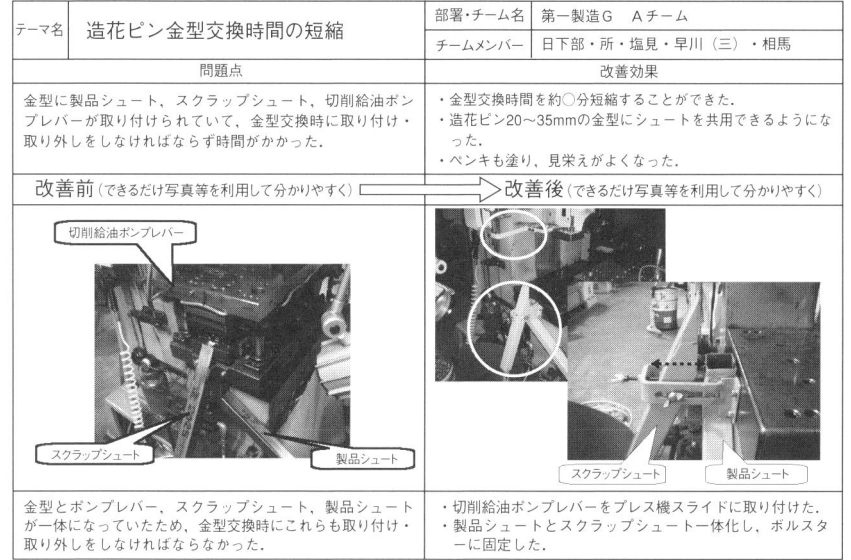

テーマ名	造花ピン金型交換時間の短縮	部署・チーム名	第一製造G　Aチーム
		チームメンバー	日下部・所・塩見・早川(三)・相馬

問題点	改善効果
金型に製品シュート、スクラップシュート、切削給油ポンプレバーが取り付けられていて、金型交換時に取り付け・取り外しをしなければならず時間がかかった。	・金型交換時間を約○分短縮することができた。 ・造花ピン20〜35mmの金型にシュートを共用できるようになった。 ・ペンキも塗り、見栄えがよくなった。

改善前(できるだけ写真等を利用して分かりやすく)	改善後(できるだけ写真等を利用して分かりやすく)
切削給油ポンプレバー／スクラップシュート／製品シュート	スクラップシュート／製品シュート
金型とポンプレバー、スクラップシュート、製品シュートが一体になっていたため、金型交換時にこれらも取り付け・取り外しをしなければならなかった。	・切削給油ポンプレバーをプレス機スライドに取り付けた。 ・製品シュートとスクラップシュート一体化し、ボルスターに固定した。

提供：(株)マーゼンプロダクツ

▷ **解　説**

　面倒な造りになっていたのをずっと見過ごしてきて，今になって気付いて改善したという事例です．実はこのようなことは多いのです．昔からずっとこのやり方でやっていたから，とりあえず同じやり方を続けるということは，よくあることです．最初は，面倒だなあと思っても慣れてくると何とも思わなくなってしまうのが，人間の弱いところです．比較的新しい人は，割と疑問を持ちやすいので，新しい人の意見をよく聞くとよいでしょう．

　常に疑問を持って仕事をする，常に何か改善すべきことはないかと思いながら仕事をすることが大切なのです．"面倒くさい" "ばかばかしい" "きつい" "つらい" "痛い" "危ない" "怖い" ということに敏感になりましょう．今漠然とやっている作業・仕事の中にも多くの改善テーマが存在しています．

▶ **事例 23**

テーマ名	HA 04 号機の停止回数を減らす
チーム名	第二製造G　Bチーム
チームメンバー	早川愛二・原田とも子・早川千絵

1. 問題の明確化／現状分析

3月1か月間の停止回数 (12日間稼動)

停止項目	合計	平均
レバー関係		
セーブピン関係		
座板関係		
バネ関係		
打込ピン関係		
取り出し		
合計		

1日当たり約○○回停止

バネがつまり、停止するのが最も多い！

2. 目標設定

1日当たりの停止回数を50%減らす

3. 要因解析

（特性要因図：バネがつまる）
バネ／バネの角度が悪い／バネにばらつきがある／メッキ不良がある／足の長さにばらつきがある／選別部の隙間にばらつきがある／正常な向きでないバネが落ちない／選別部でしっかり選別できていない／選別部の位置が悪い／設備／コイルにばらつきがある／一定の向きで流れてきてない／隙間の調整が悪い／コイルの厚みと通過する設備の隙間が合っていない

4. 対策立案・実施

対策1　選別部でもっとしっかり選別できるようにする．
対策2　選別部に来る前に正常ではない向きのバネを落とすようにする．
対策3　正常でない向きのバネを正常な向きにする．

上記の3対策を○月○日までに実施する．

5. 検証

バネの停止回数が1日平均○回から○回となり、63.3%削減することができた．

6. 定着化

今回の改善内容をトラブルシューティングにまとめ、マニュアル化した．

今後の計画

次に停止回数が多かった打ち込みピンの停止の削減に取り組んで行く予定．

提供：(株)マーゼンプロダクツ

▷ **解　説**

　中改善事例です．中改善6ストーリーに従って進められています．この事例のように設備がチョコチョコ止まってしまうことがよくありますが，これを"チョコ停"と呼びます．チョコ停が頻繁に起こると，いちいち設備に張り付かなければならず，たまったものではありません．絶対改善が必要です．停止回数の最も多い"バネのつまり"を解決することが効果的であることは，第6章のツール7"グラフ"の項 (p.73) でも述べています．

　要因解析もチームメンバーが集まってホワイトボードを使って行われたようです．ホワイトボードの前で立って議論した方が前向きな意見が出てきます．対策が実施され，検証の結果，効果もありました．マニュアルを作成し，定着化まできちんとできた事例です．

▶ 事例 24

テーマ	新規金型組付け納期遅れの改善	チーム名	コアチーム	リーダー	多田
		チームメンバー	堀・小川・井戸・恩田・中島・福田		

1. 問題の明確化／現状分析	4. 対策立案・実施
【問題の明確化】 ・日程表に対して各部署が生産の予定を立てることが前提であるにもかかわらず、それができていない。 【現状分析】 ・加工残量が残り日数で消化できないこと（納期遅れ）が○○件／月ある。 ・日程計画が不十分で部品がいつ完成するか分からないことがときどき発生する。	〈設計〉 ① 工数記入シール作成（設変、修正日程掲示板に貼る） ② 「設計工数明細表」を作成する。（新型） 〈前加工〉 ① 「工数査定標準」を作成する。 ② 「工数記入表」を作成する。 〈創型・NC・放電・ワイヤー〉 ① 新型打ち合わせ時に担当者が部品ごとに工数を読む。 ② 工数をホワイトボードを利用して見える化する。 上記のことを○月末までに実施する。

2. 目標設定	
日程表に基づいた生産管理体制の強化により、加工残量未消化件数を○○件／月以下にする。	

3. 要因解析	5. 検証	6. 定着化
（要因解析図：金型納期遅れに関する人・日程・加工方法・システム等の関連図）	①日程表に基づいた生産管理体制が取れるようになった。 ②加工残量未消化件数が○○件／月以下になった。	上記の対策について、管理手順をまとめ手順書を作成した。また、その手順書を使って各部署で教育を行った。
	今後の計画	
	今回は、当初作成した要因解析図の「日程」に焦点を当てて改善したので、今後は「日程」以外の要因について改善を進めていく。	

提供：(株)岐阜多田精機

▷ 解 説

　これも中改善事例です．コアチームにより、難しいテーマにチャレンジしました．この改善は継続して行われおり、当初に解析された要因をひとつずつ潰しながら進められています．今回のテーマは、以前実施された要因解析のうちのひとつの要素である"日程"に焦点を絞って行われました．このように、要因が複数考えられる場合は、ひとつずつ潰していく方法を取ります．どれが、一番効いている要因かどうかは、なかなか分からないのが実情です．ですから、ひとつずつ進めればよいのです．この事例は、管理体制に弱さがあり、それを強化しようというのが最大の目標です．管理体制を強化すること自体については、具体的な数値目標が立てられません．別にそれでもよいのです．この事例では、結果としての指標である加工残量未消化件数を目標にしました．

▶ 事例 25　活動ボード

提供：東海金属工業(株)／(株)ノーリツイス

▷ 解　説

　9ツールのひとつである活動ボードの事例です．左側の写真は，全職場チームの改善シートとメンバー表を貼った活動ボードです．この活動ボードは食堂に置かれています．食堂のように皆が集まるような場所に置いておくとよいでしょう．他のチームの改善内容もこれを見ることによって分かります．

　右上の写真は，評価結果をグラフと表にしたものです．これを見るとがんばっているチームと，これからが期待されるチームとがはっきり分かります．がんばっているチームは1位目指してさらにがんばって欲しいものですし，これからが期待されるチームは，もう少しがんばりが欲しいものです．

　右下の写真は，各職場チームの現場に置かれているボードです．顔写真，年間計画，活動シート，スローガン，予定表が記載されています．この職場チームの活動ボードを見ると，その職場チームが今どのような活動をしているのかがよく分かります．

第 9 章　より良い理解のための Q & A

Q1：TK 活動の目的を教えてください．
 A1：改善意識・マネジメント能力・達成感・仕事への愛着を持って"自ら考え，自ら行動する人材"つまり"できる人"を育てることにより，会社の体質強化，体力向上を図り，小さくても強い会社になることが目的です．

Q2：従来の QC サークル活動との違いは何ですか？
 A2："自ら考え，自ら行動する人材"つまり"できる人"を育てることを主目的としている点です．また，従来の QC サークル活動では，データ重視，手法重視のため，どうしても形式的になり形骸化しているところもありました．もっと現実に即した，やる意味のある活動となることを強調している点です．

Q3：TK 活動の内容は，よく考えると当たり前のことばかりですが，本当に効果があるのでしょうか？
 A3：当たり前のことを当たり前にやる．しかし，それをやり続けると特別になります．実は，当たり前のことを当たり前にやること，やり続けることは非常に難しいのです．それを，きちんとできるようにすることが大切なのです．チームの活動として，会社の日常業務として当たり前のことを当たり前にできるように改善活動を続けていただきたいと思います．

Q4：なぜ，5原則・5ステップ・9ストーリー・9ツールを提唱されたのですか？

A4：TK活動をより効果的に実施するために，理解しておかなければならない基本的な考え方や活用ツールをまとめてみました．それが5原則・5ステップ・9ストーリー・9ツールです．5599で語呂がよく，覚えやすいのではないかと思います．

Q5：TK活動5原則とは何ですか？

A5：TK活動を実施するに当たり，導入期，維持期を問わず普遍的に必要な考え方をまとめたものです．常に，この原則から外れていないかどうか確かめて，TK活動を正しい方向に持っていってください．

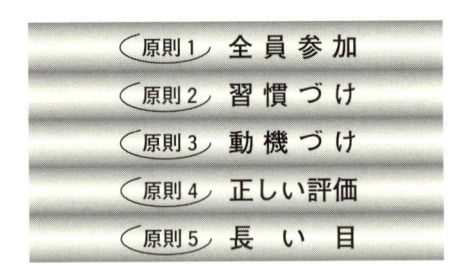

原則1	全員参加
原則2	習慣づけ
原則3	動機づけ
原則4	正しい評価
原則5	長い目

Q6：TK活動5ステップとは何ですか？

A6：TK活動の導入から早く軌道に乗せるために踏むべき5つのステップのことです．この5つのステップを確実に進めていくことが成功への近道です．

9. より良い理解のための Q&A

- ステップ1　体制整備
- ステップ2　教　育
- ステップ3　実　施
- ステップ4　評　価
- ステップ5　発　表

Q7：TK 活動 9 ストーリーとは何ですか？

A7：TK 活動を効率良く，効果的に実施するための改善ストーリーで，小改善の 3 ストーリーと中・大改善の 6 ストーリーとで合わせて 9 ストーリーになっています．

小改善 3 つのストーリー

- ストーリー1　問題の把握
- ストーリー2　対策の実施
- ストーリー3　効果の確認

中・大改善のストーリー

- ストーリー1　問題の把握と現状分析
- ストーリー2　目標設定
- ストーリー3　要因解析
- ストーリー4　対策の立案と実施
- ストーリー5　検　証
- ストーリー6　定　着　化

Q8：TK 活動 9 ツールとは何ですか？

A8：良い結果を得るために活用できる改善ツールのことです．道具ですので，使いこなせるようになると，より良い効果が得られます．使いやすく，効果のあるツールで，実際の改善にもよく使われています．

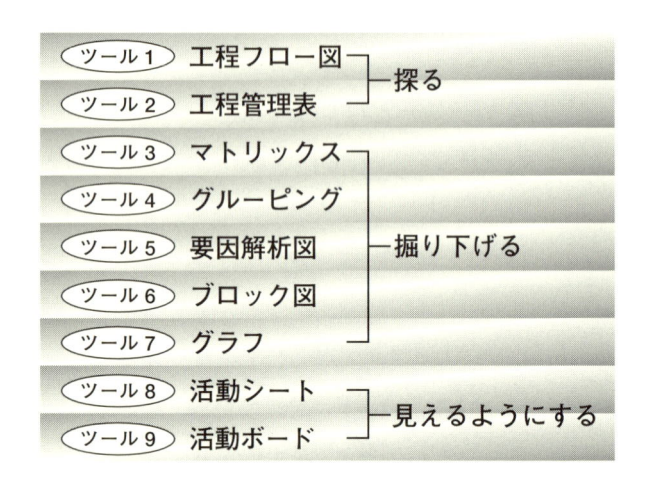

ツール1	工程フロー図	探る
ツール2	工程管理表	
ツール3	マトリックス	掘り下げる
ツール4	グルーピング	
ツール5	要因解析図	
ツール6	ブロック図	
ツール7	グラフ	
ツール8	活動シート	見えるようにする
ツール9	活動ボード	

Q9：9 ツールは必ず使わないといけないのですか？

A9：9 ツールはあくまでも道具なので，必要ならば使えばよいのです．しかし，最初から使わないと決めつけないようにしてください．要因解析図などは，しっかりやろうとすると結構時間がかかり，面倒なものです．この手間を省いてしまい，十分な要因解析ができずに，適切に改善ができなかった例が残念ながらたくさんあります．使えるものは使おうと心がけてください．

9. より良い理解のための Q&A

Q10：9ツールを使いこなせるようになったら，**QC 7つ道具や新 QC 7つ道具は勉強しなくてもよいですか？**

A10：そんなことはありません．TK 活動 9 ツールの中にも，QC 7つ道具や新 QC 7つ道具と共通のものがありますが，特によく使えて，便利で効果的なツールを選定したのが，9ツールです．QC 7つ道具では，管理図など統計的手法を用いたものもありますので，しっかり勉強してぜひ使えるようになってください．

Q11：**コアチームのメンバーは，各職場の責任者でなければだめですか？**

A11：できれば各職場の責任者が望ましいですが，若手を育てたいなどの事情があれば，必ずしも責任者である必要はないでしょう．会社の事情に合わせて考えていただければよいでしょう．

Q12：**職場チームのリーダーは，どのような人が適任ですか？**

A12：職場の責任者がコアチームメンバーになっている場合は，職場の責任者以外から選出してください．時折，面倒なことは若い人にやらせておけというところがありますが，リーダーシップをとれる人にやってもらわなければ，職場チームをうまくまとめていくことができません．そういう意味では，年齢は関係なく，リーダーシップをとれる人が適任と言えます．

Q13：テーマの活動期間やチームごとのテーマ数はどれくらいにしたらよいのでしょうか？

A13：職場チームでは，1か月を活動期間と設定し，各チーム1テーマ以上とするとよいでしょう．テーマ数が多いほど評価も良くなるようにします．テーマが中改善以上だと1か月以上かかるかも知れませんが，それはそれでよいでしょう．しかし，小改善テーマは必ず1テーマ以上は出すようにしてもらいます．コアチームについては，テーマにより活動期間が全く異なりますので，基準を設定することは難しいでしょう．

Q14：職場チームの中で，協力してくれない人がいます．しかも，ベテランの人なので，あまり強く言えません．どうしたらよいでしょうか？

A14：TK活動の目的をよく理解してもらわなければなりません．根気よく説明して，やる気になってもらうしかありませんが，残念ながら何をやっても変わらない人もいます．年齢が高い人ほどその傾向にあります．しかし，そういう人はうまくおだてると案外がんばってやってくれることが多いです．自分自身の鍛錬だと思って，じっくり向き合ってみましょう．

Q15：ある職場では，業務が集中し非常に忙しくなっています．そこの職場チームの人たちは，忙しいのでTK活動どころではないと言っています．業務が落ち着くまで，一旦休止してよろしいでしょうか？

A15：忙しい職場だからこそ改善が必要なのです．改善の努力を怠ろうとする最も多い言い訳が"忙しい"なのです．TK活動などの改善活動は一旦止めてしまったら，維持するどころか，

確実に後退していきます．休止は絶対に避けるべきです．しかし，どうにもならなくなってしまったときは，細く長く続けることを考えましょう．

Q16：事務局を置く余裕がありません．事務局はやっぱりないとだめですか？

A16：絶対置かなければならないということはありませんが，職場チームの活動を含めた全社の横断的機能として，事務局があるとより効果的です．コアチームのメンバーで構成して，持ち回りでやってもよいでしょう．

Q17：TK活動には，どれくらいの時間をかければよいのでしょうか？

A17：何時間以上でなければならないということありませんが，職場チームは，週1回30分くらいから始めるとよいでしょう．職場チームごとにするのか，全社一斉にするのかは選択ですが，就業時間中に行うのであれば，全社一斉の方がやりやすいでしょう．パートタイマーの人がチームにいるのであれば，昼休み後ならば，全員が揃って活動できます．活動時間についても，やってみながら一番良い日や時間に変更していけばよいでしょう．

Q18：当社では，改善発表会の前にかなりの時間をかけて発表資料をパワーポイントで作成しています．TK活動では，発表のための資料作成に時間をかけないとのことですが，それでは発表を聞いている人に分かりづらいのではないですか？

A18：活動シートを使って説明すれば，聞いている人にうまく伝わ

ります．例えば，要因解析図などは手書きのままでもよいでしょう．もちろん，パソコンできれいに書いてもらっても構いません．とにかく，発表のためだけのムダな時間は使わない方がよいのです．ただし，人にうまく伝えるのも訓練ですので，そういう意味では，発表のための資料作成も悪くないと思います．

Q19：以前，改善効果は金額で出さなければいけないと言われたことがありました．テーマによっては，改善効果がきちっと数字で出ないものもあります．どうしても改善効果を金額で出さなければいけませんか？

A19：改善効果が数値で出ると，どれくらいの改善がされたのかが聞き手はよく分かります．また，それが金額で算出されていれば，他と比べて，どの程度の改善なのかが相対的に分かるので，できれば金額ベースで改善効果を出すとよいでしょう．ただし，TK活動は，それにこだわりません．改善効果として，気持ちが良くなったとか，何となく雰囲気が良くなったとかでもよいでしょう．特に整理・整頓関係だと，なかなか金額で出しづらいものです．金額にこだわらずに，やるべきことは，どんどんやりましょう．

Q20：当社は，ISO 9001の認証をまだ取得していません．TK活動を先に導入するのか，ISO 9001の認証取得を先にするのか迷っています．どちらを先にすべきでしょうか？

A20：足下が固まっていなければ，どんな認証があっても意味がありません．TK活動で，しっかりと組織としての足固めをしてください．品質マネジメントシステムは，会社の仕組みの

9. より良い理解のための Q＆A

改善のために絶対に必要なことですが，認証取得は必ずしも必要ではありません．ISO 9001 の認証取得をしていても，整理・整頓すら満足にできていない会社が実に多いです．整理・整頓や清掃が行き届いておらず，改善意識のない人ばかりの集まりでは，システムも何もありません．TK 活動で，足下が固まった上に，品質マネジメントシステムが構築され，維持されれば，より効果的になるでしょう．繰り返しますが，それでも認証取得は必ずしも必要ではありません．品質マネジメントシステムを構築・維持することと，ISO 9001 の認証取得することとは別であると考えてください．

Q21：当社はサービス業ですが，TK 活動の導入を考えています．TK 活動は，製造業向けなのでしょうか？

A21：製造業向けというわけではありません．小さくても強い会社になるために"自ら考え，自ら行動する人材"を育てなければならないことはサービス業でも同じです．

あとがき

　今まで多くの会社（特に中小企業）とお付き合いさせていただきましたが，どの会社においても，不思議なくらい同じ悩みを抱えています．それは，やはり"人材不足"です．つまり仕事（＝作業＋改善）（＝管理＋改善）をきちんと"できる人"が少ないということです．そのような状況から何とか脱したいということから本書で紹介したTK活動が生まれました．TK活動を地道に続けることによって"自ら考え，自ら行動する人"すなわち"できる人"を育てようということだったのです．

　もう少し本音を言うと，"できる人"を育てるというよりも，"できる人"になれる素質を持っている人を見いだして育てるということかも知れません．正直"できない人"は何をやっても"できない人"のままなのです．ですからTK活動を通じて，"できる人"になれる素質を持っている人をいち早く見いだし，どんどんリーダーシップを取らせて，早く"できる人"になってもらうことが大切です．

　本書では，筆者のコンサルティング経験で培ったTK活動及びTK活動を効果的に推進させるために必要なコツを紹介しました．しかし，どんなに本で勉強しても，本だけの知識ではおのずと限界があります．実際にやってみて，勉強し，またやってみるということを繰り返すことが大切です．

　本書で紹介したTK活動5原則・5ステップ・9ストーリー・9ツールを確実に実行し，到達目標である"小さくても強い会社"，"楽しく働きがいがある会社"を実現されることを期待いたします．

　2007年9月

　　　　　　　　　　　　　　　　　　　　　　　　小林　久貴

著者略歴

小林　久貴（こばやし　ひさたか）

1962 年	愛知県生まれ
1986 年	名古屋工業大学生産機械工学科卒業後メーカー勤務
1996 年	小林経営研究所設立　コンサルタント業務開始
現　在	株式会社小林経営研究所　代表取締役
資　格	経済産業大臣認定　中小企業診断士
	JRCA 認定　品質マネジメントシステム主任審査員
	米国品質協会認定　品質エンジニア
専　門	TK 活動コンサルティング
	品質マネジメントシステム構築コンサルティング
著　書	『理工系学生／技術系新入社員のための品質マネジメントシステム入門』（三恵社，2006）他　共著多数

小さくても強い会社になるための
"できる人"を育てるチーム改善のすすめ

定価：本体 1,300 円（税別）

2007 年 11 月 20 日　　第 1 版第 1 刷発行
2013 年 6 月 14 日　　　　第 3 刷発行

　　著　　者　小林　久貴
　　発 行 者　田中　正躬
　　発 行 所　一般財団法人　日本規格協会
　　　　　　　〒107-8440　東京都港区赤坂 4 丁目 1-24
　　　　　　　　　　　　　http://www.jsa.or.jp/
　　　　　　　　　　　　　振替　00160-2-195146
　　印 刷 所　日本ハイコム株式会社
　　製　　作　有限会社ファインアーツ

Ⓒ Hisataka Kobayashi, 2007　　　　　Printed in Japan
ISBN978-4-542-50172-0

当会発行図書，海外規格のお求めは，下記をご利用ください．
　営業サービスユニット：(03)3583-8002
　書店販売：(03)3583-8041　注文 FAX：(03)3583-0462
　JSA Web Store：http://www.webstore.jsa.or.jp/
編集に関するお問合せは，下記をご利用ください．
　編集制作ユニット：(03)3583-8007　FAX：(03)3582-3372